2.-4. Schuljahr

Gabriela Rosenwald

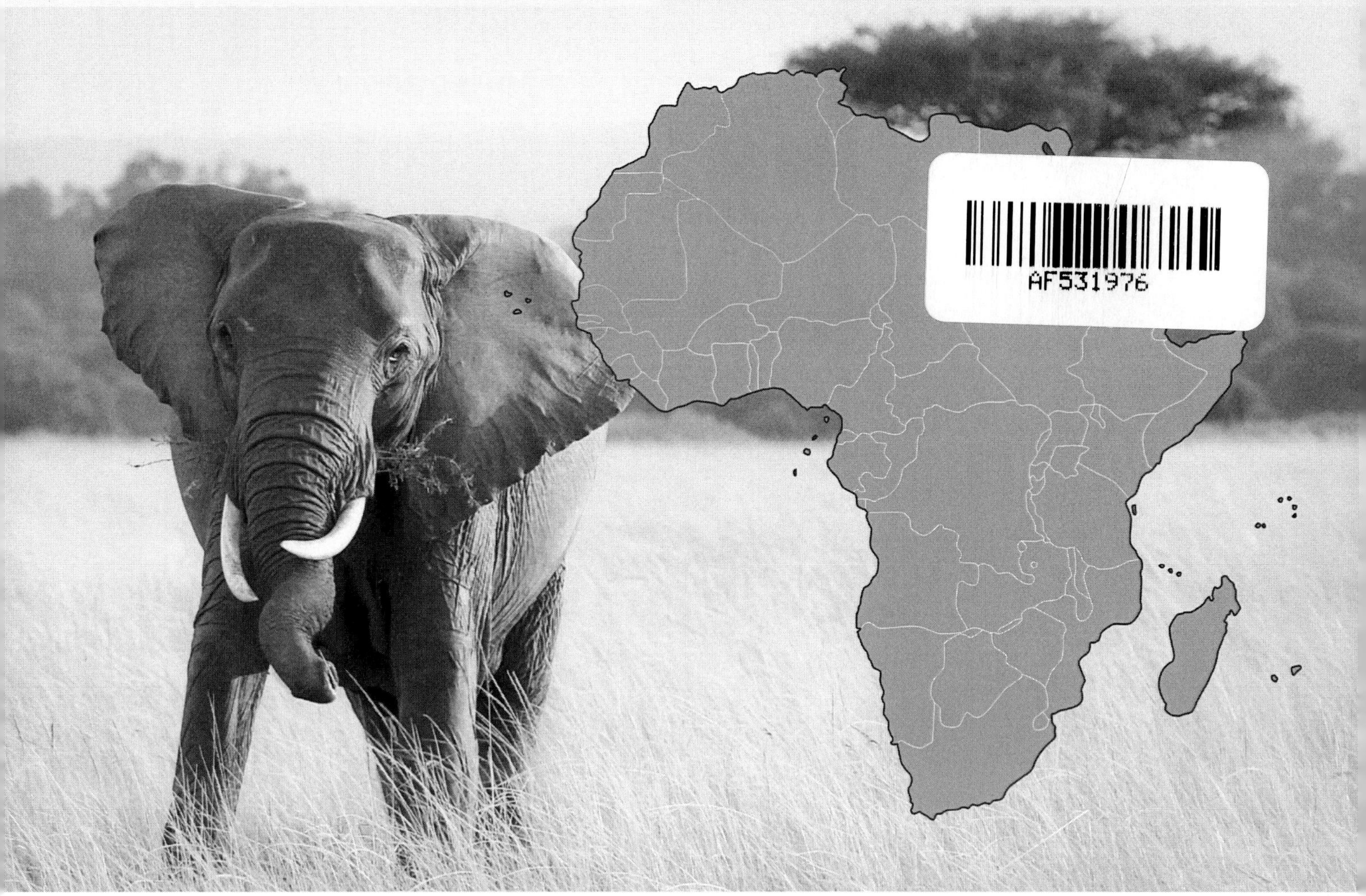

Lernwerkstatt AFRIKA

Die Kontinente der Erde kennen lernen

www.kohlverlag.de

Lernwerkstatt AFRIKA

Die Kontinente der Erde kennen lernen

9. Auflage 2024

Inhalt: Gabriela Rosenwald
Umschlagbilder: © Amy Nichole Harris & mmmg2 - fotolia.com
Redaktion: Kohl-Verlag
Grafik & Satz: Eva-Maria Noack & Kohl-Verlag
Druck: farbo prepress GmbH, Köln

Bestell-Nr. 11 746

ISBN: 978-3-95686-735-4

Inhaltsverzeichnis

Lernwerkstatt AFRIKA
Die Kontinente der Erde kennen lernen – Bestell-Nr. 11 746
KOHL VERLAG

Inhaltsverzeichnis

Bedeutung der Symbole:

EA
Einzelarbeit

PA
Partnerarbeit

Schreibe ins Heft / in deinen Ordner

GA
Arbeiten mit der ganzen Gruppe

Arbeiten in kleinen Gruppen

Lernwerkstatt AFRIKA
Die Kontinente der Erde kennen lernen – Bestell-Nr. 11 746
KOHL VERLAG

Vorwort

Liebe Kolleginnen und Kollegen,

Afrika ist ein faszinierender Kontinent, vielleicht gerade, weil manche Realitäten für uns einfach nicht nachvollziehbar sind. Wie lebt man in der Steppe ohne tägliche Dusche und ohne Internet?
So schauen manche Leute auch ein wenig abwertend auf einen Kontinent, der aber vieles bietet, was in unserer „Zivilisation" verloren gegangen ist (z. B. Freundlichkeit, Hilfsbereitschaft und Wissen um die Naturgegebenheiten). Wir wollen dabei Macht, Politik und Gewalt außen vor lassen, die ja auch nur von wenigen ausgeübt wird.
Unsere Kinder verbinden mit Afrika schwarze Menschen, Affen, Giraffen, Löwen, Zebras und Elefanten. Zu Begin und / oder am Ende des Afrika-Unterrichts könnte die Aufgabe lauten: Afrika-ABC – findet zu jedem Buchstaben Wörter, die zu Afrika gehören. In Kapitel 6 geht es um die Kokusnuss. Das Lied „Die Affen rasen durch den Wald" passt gut dazu und kann mit Trommeln und Rasseln begleitet werden.
In diesem Heft finden Sie Arbeitsblätter zum Malen, Bildbeschreibungen, Bastelanleitungen, Musik und Tänze, Rätsel, Spiele und Rezepte, Fehlertexte, Lückentexte und .
Längere Texte sind einfach formuliert und können auch vorgelesen und so verstanden werden.
Jedes Thema kann einzeln bearbeitet werden. So eignen sich die Kopiervorlagen neben dem Einsatz im Sachunterricht auch für die Freiarbeit und für Vertretungsstunden.
Selbst wenn von jüngeren Schülern* keine genauen Geografiekenntnisse erwartet werden, ist es sinnvoll, eine große Afrika-Karte im Unterricht zur Verfügung zu haben.

Viel Interesse, Freude und Erfolg wünschen Ihnen und Ihren Schülern Ihr Kohl-Verlagsteam und

Gabriela Rosenwald

**Mit den Schülern bzw. Lehrern sind im ganzen Heft selbstverständlich auch die Schülerinnen und Lehrerinnen gemeint!*

Arbeitspass

Name: ______________________ Klasse: __________

Aufgabe / Seite	Titel / Thema	begonnen	erledigt

1. Die Kontinente

Afrika auf unserer Erde

Vom Weltraum sieht unsere Erde wie eine blaue Murmel mit einigen Flecken aus. Das Blau ist das Wasser der Ozeane und Meere. Sie bedecken etwa zwei Drittel unseres Planeten.
Das letzte Drittel ist Land.
Es gibt sieben Erdteile, auch Kontinente genannt, auf unserer Welt. Nur einer dieser Kontinente ist nicht von Menschen bewohnt, denn dort ist es einfach zu kalt: die Antarktis um den Südpol.
Ordnet man alle sieben Kontinente der Erde nach ihrer Größe, ergibt sich folgende Reihenfolge (der größte zuerst): Asien, Afrika, Nordamerika, Südamerika, Antarktis, Europa und Australien / Ozeanien.

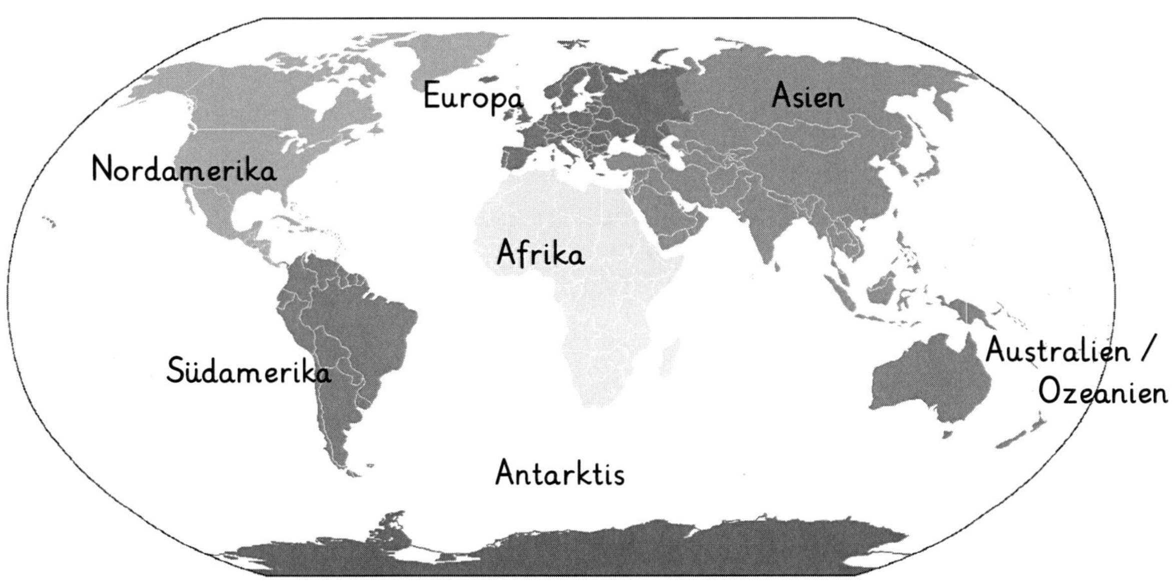

Aufgabe 1: *Schau auf die Karte oben. Notiere dann die richtigen Namen unter den Erdteilen.*

EA

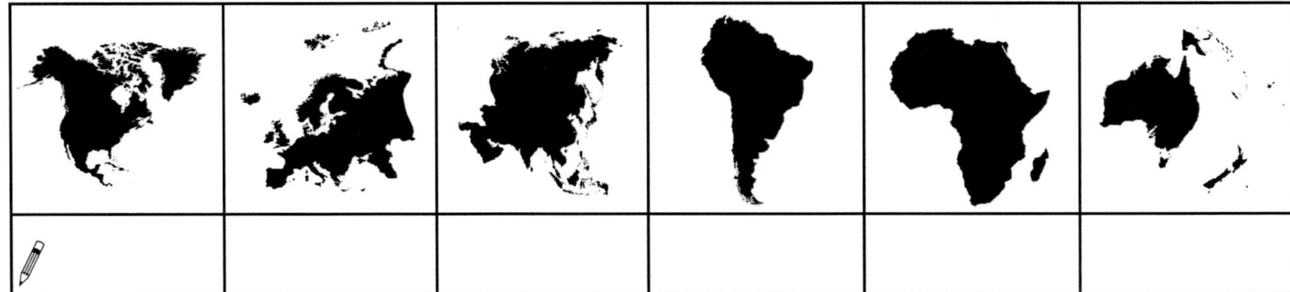

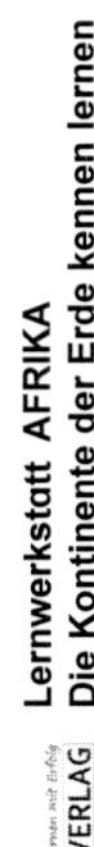

1. Die Kontinente

EA

Aufgabe 2: *Welche Kontinente kannst du auf den Erdkugeln entdecken? Schau auf die Karte von Seite 6.*

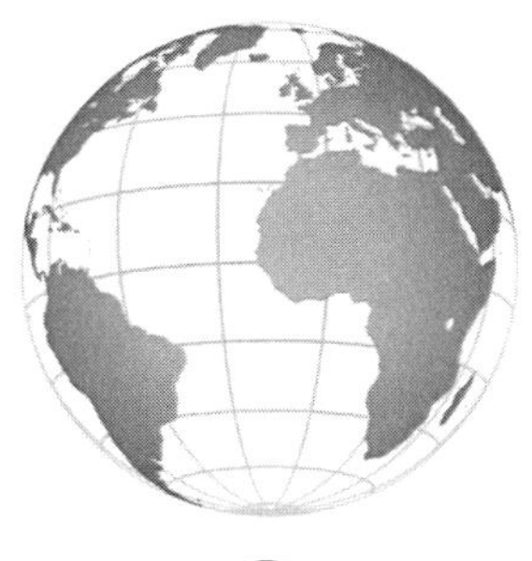
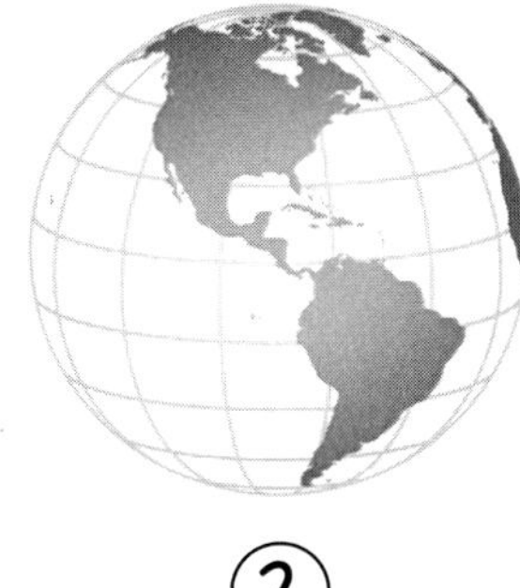

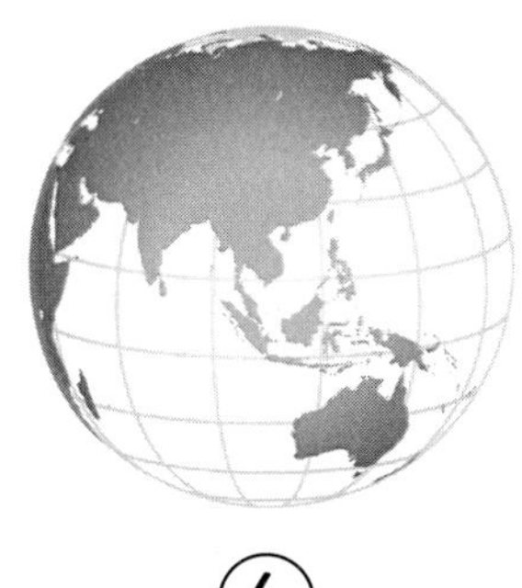

① ② ③ ④

Erdkugel 1	✎
Erdkugel 2	
Erdkugel 3	
Erdkugel 4	

EA

Aufgabe 3: *Setze das Puzzle richtig zusammen. Was kannst du alles entdecken?*

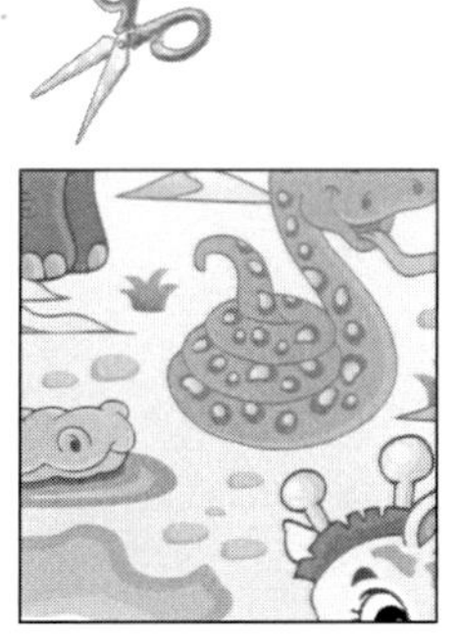

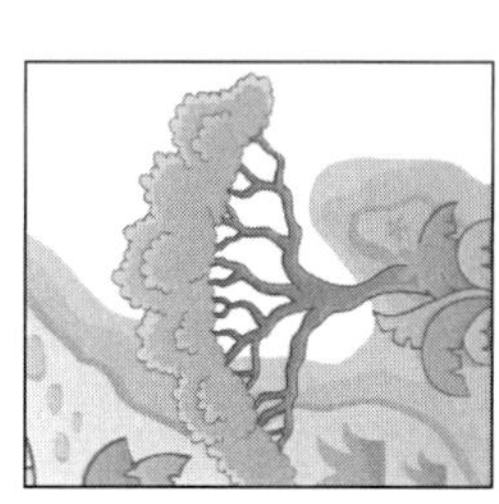

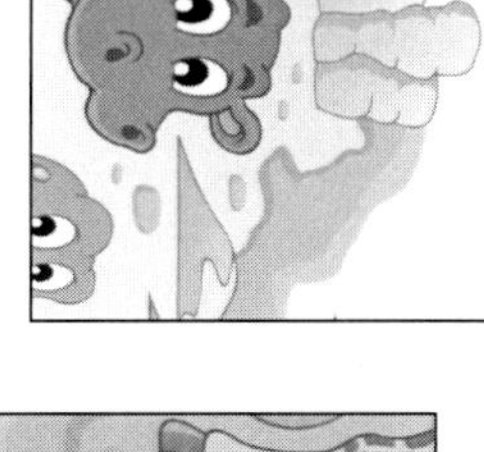
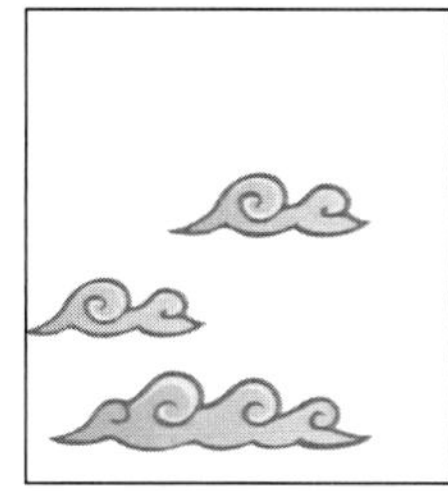

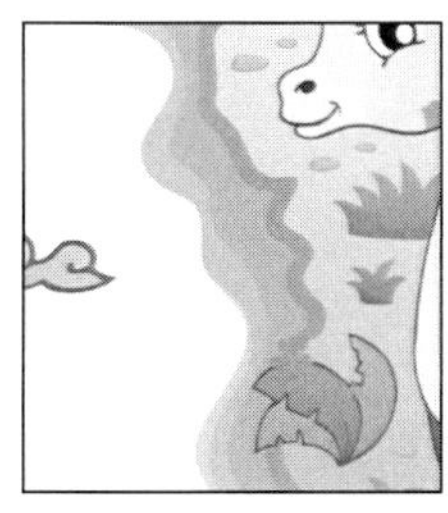
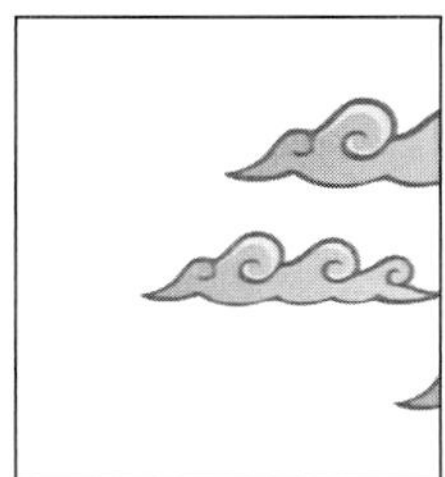
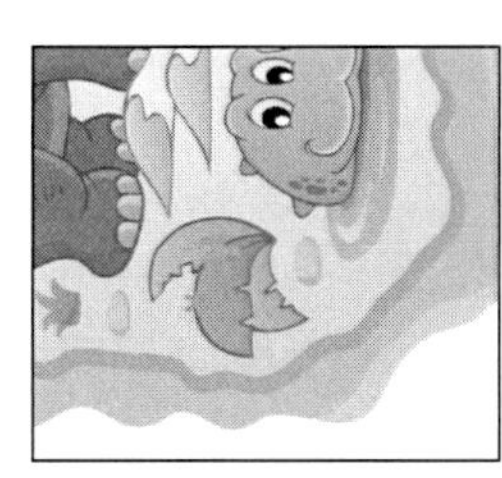
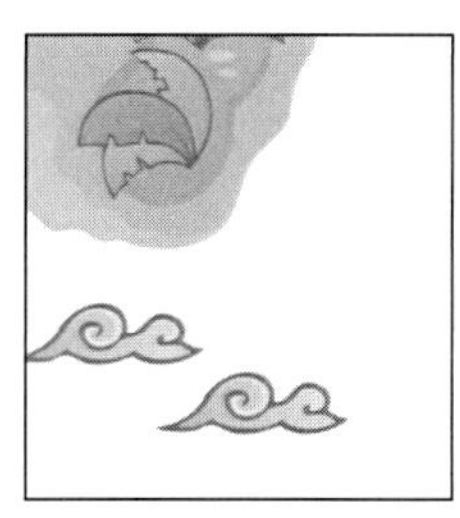
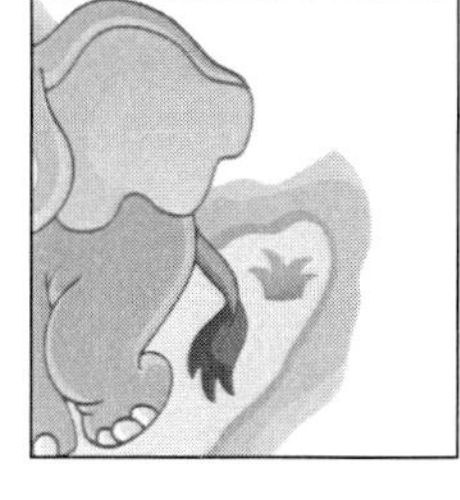

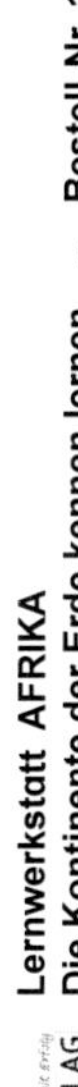

1. Die Kontinente

Der Äquator und die Tropen

Der Äquator ist eine gedachte Linie rings um die Erde. Auf der Weltkarte kannst du sie als schwarze Linie sehen. Der Äquator teilt die Erde in eine Nord- und eine Südhälfte.
Um den Äquator liegen die wärmsten Gebiete der Erde: die Tropen. Je weiter man sich vom Äquator entfernt, umso kühler wird es.

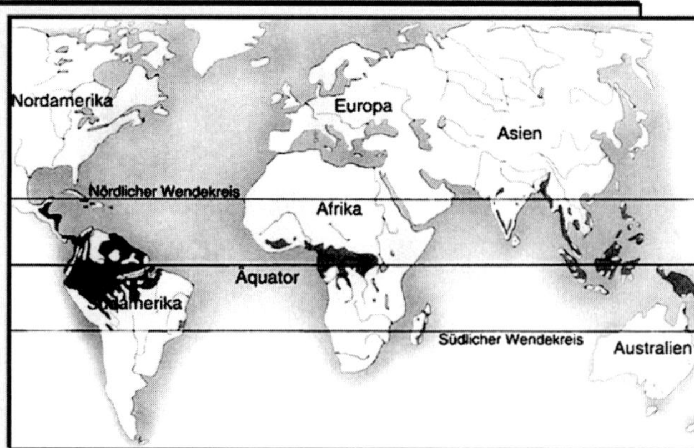

Der Äquator verläuft fast durch die Mitte Afrikas. Hier liegen die regenreichsten Gebiete der Erde. Vom Äquator aus wird es nach Norden und nach Süden hin immer trockener. So verwandeln sich die Regenwälder in Savannen und die Savannen in Wüsten, je weiter man nach Norden oder Süden kommt.
Zwischen dem nördlichen und südlichen Wendekreis liegen die Tropen. Nördlich und südlich der Wendekreise schließen sich die Subtropen an. Um die Wendekreise sind in Afrika große Wüsten entstanden; die Sahara liegt im Norden, im Süden befinden sich die Wüste Namib und die Kalahari.
Am Äquator ist es sehr heiß, denn die Strahlen der Sonne treffen fast senkrecht auf die Erde. Es gibt keinen Winter. Das ganze Jahr über ist es gleich heiß. Und nicht nur das: Alle Tage sind auch gleich lang. Um sechs Uhr morgens geht die Sonne auf und um sechs Uhr abends geht sie unter. Zehn Minuten nach Sonnenuntergang herrscht bereits stockdunkle Nacht.

EA

Aufgabe 4: *Da es in Äquatornähe viel regnet, finden sich in diesen Ländern auch die meisten Regenwälder. Um den Kongo liegt das zweitgrößte Regenwaldgebiet der Erde. Der Äquator zieht sich durch fünf afrikanische Länder. Schau auf eine Karte und nenne sie.*

EA

Aufgabe 5: *Kreuze an: Richtig oder falsch?*

		richtig	falsch
1	Am Äquator sind Tag und Nacht gleich lang.		
2	In der Nähe des Äquators liegen die größten Regenwälder Afrikas.		
3	Um Mitternacht ist es stockdunkel.		
4	Im Winter schneit es am Äquator oft.		
5	Die Sahara liegt in Südafrika.		
6	Der Äquator teilt die Erde in Ost- und Westhälfte.		
7	Vom Äquator bis zu den Wendekreisen liegen die Tropen.		

EA

Aufgabe 6:

Betrachte die beiden Bilder.
Welches zeigt die Sonne am Äquator?

Ⓐ
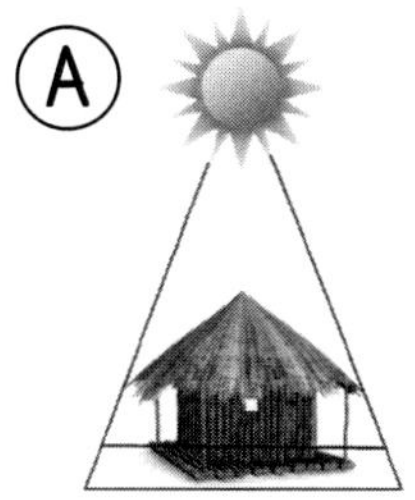

Ⓑ
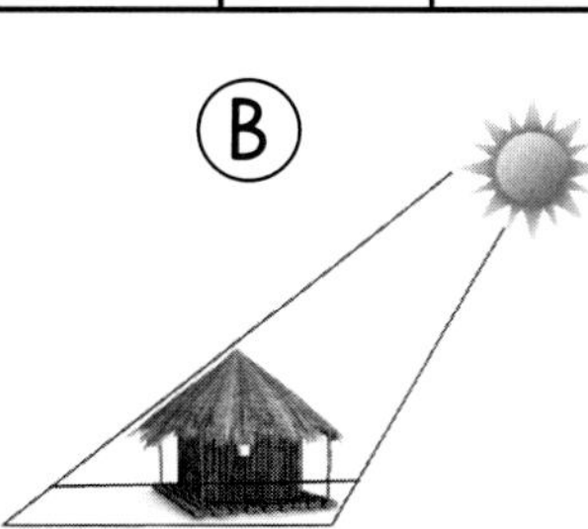

KOHL VERLAG Lernwerkstatt AFRIKA Die Kontinente der Erde kennen lernen – Bestell-Nr. 11 746

2. Afrika – die Regionen

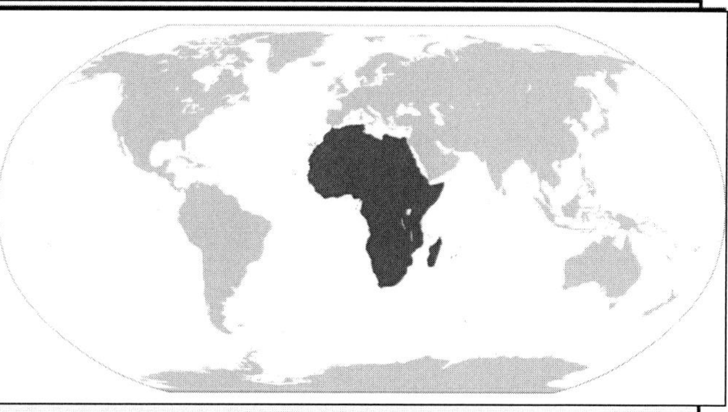

Afrika ist der zweitgrößte Kontinent der Welt und etwa 100-mal so groß wie Deutschland. In Nordafrika liegt die größte Wüste der Welt, die Sahara. Dort ist es sehr trocken und heiß. Die Mitte und der Süden Afrikas werden auch als „Schwarz-Afrika" bezeichnet.
In der Nähe des Äquators, der quer durch die Mitte Afrikas verläuft, wachsen üppige Regenwälder. Die Hochebenen Afrikas sind von Grassteppen (Savannen) bedeckt. Hier leben viele Tiere wie Zebras, Giraffen, Löwen, Hyänen, Elefanten, Affen, Nashörner, Krokodile, und Paviane.
Afrika wird in verschiedene Gebiete eingeteilt. In der Mitte liegt Zentral-Afrika, die übrigen Regionen sind nach den Himmelsrichtungen benannt.

EA

Aufgabe 1: *Setze die Namen richtig ein. (N = Nord, O = Ost, S = Süd, W = West)*

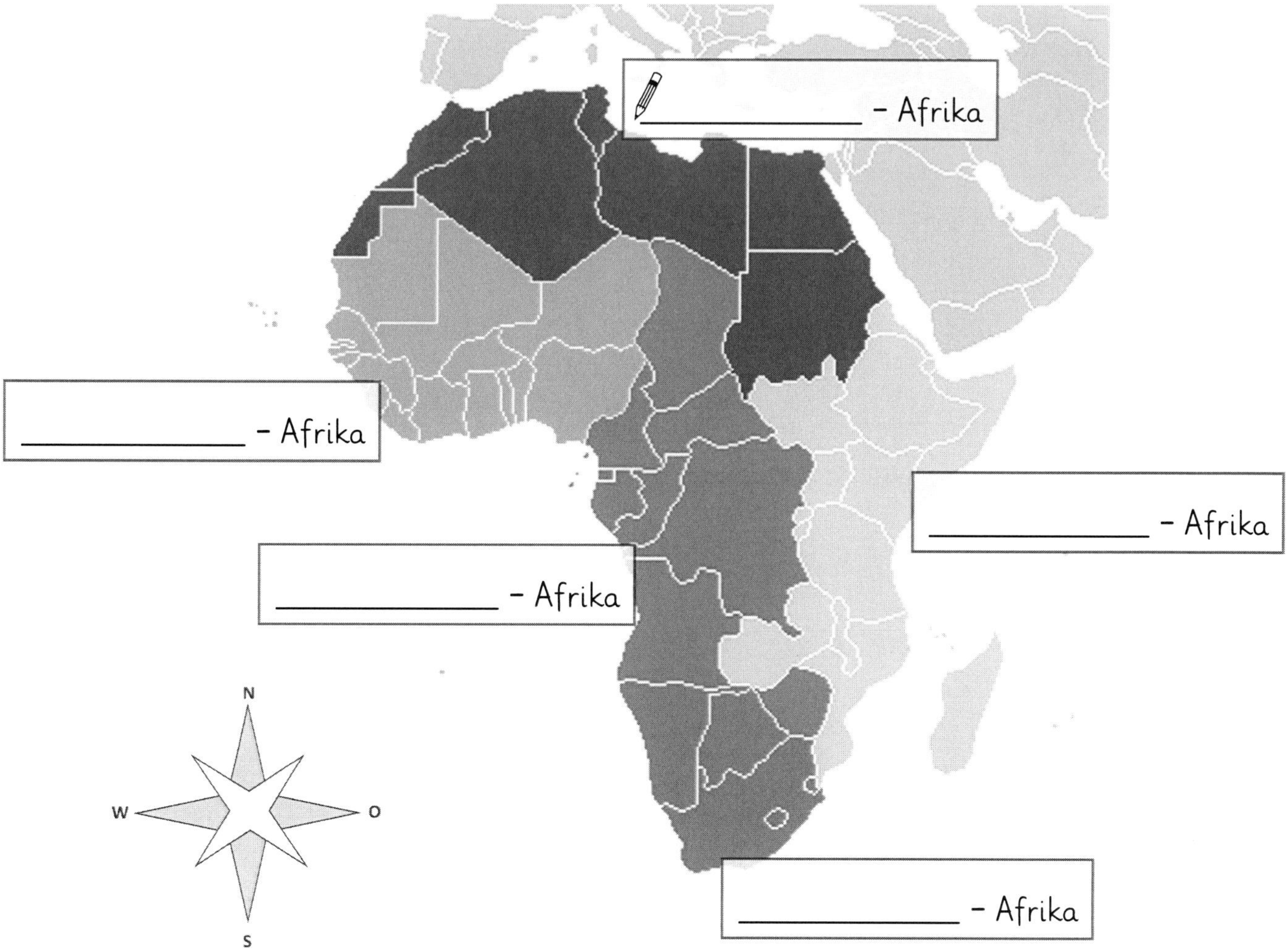

________________ - Afrika

________________ - Afrika

________________ - Afrika

________________ - Afrika

________________ - Afrika

N

W O

S

Lernwerkstatt AFRIKA
Die Kontinente der Erde kennen lernen – Bestell-Nr. 11 746
KOHL VERLAG

2. Afrika – die Regionen

Afrikas Rekorde

Die größte Stadt Afrikas ist Kairo (mit ihrem Umland) in Ägypten, es folgt Lagos in Nigeria. Die drittgrößte Stadt ist Kinshasa in der Demokratischen Republik Kongo. Der höchste Berg ist der Kilimandscharo (5895 m hoch) in Tansania, der größte See ist der Victoriasee in Ostafrika. Der längste Fluss Afrikas ist der Nil mit 6671 km. Weitere große Flüsse sind der Kongo und der Niger. Die größte Insel ist Madagaskar.

PA

Aufgabe 2: *Notiert die Orte, findet sie auf der Karte und zeichnet sie rot ein:*

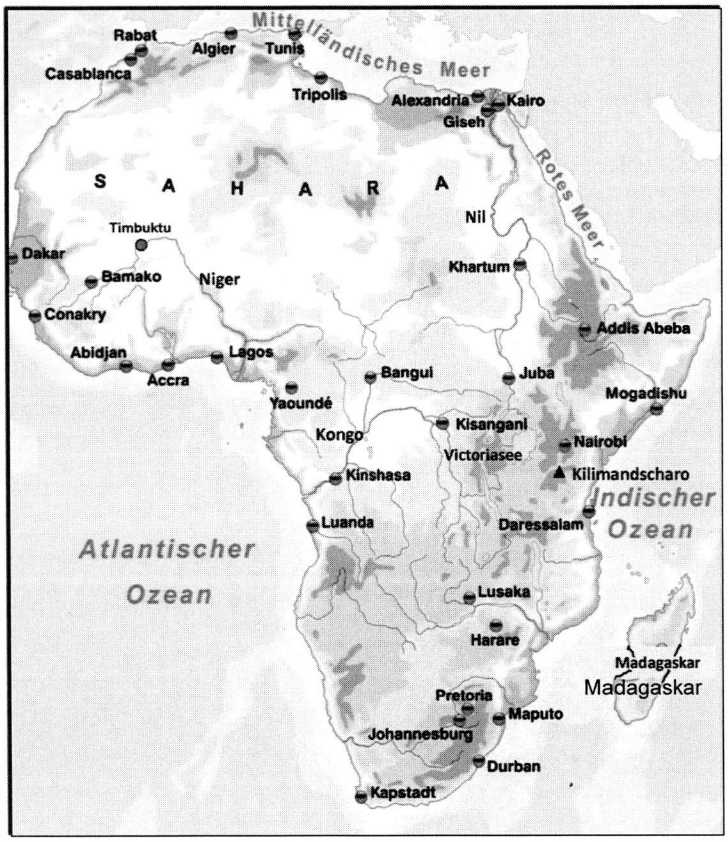

Die drei größten Städte:

- ____________________
- ____________________
- ____________________

Die drei längsten Flüsse:

- ____________________
- ____________________
- ____________________

Der höchste Berg:

- ____________________

Die größte Insel:

- ____________________

Der größte See:

- ____________________

Die größte Wüste:

- ____________________

Afrika ist von zwei großen Ozeanen und zwei kleineren Meeren umgeben. Sie heißen:

- ____________________
- ____________________
- ____________________
- ____________________

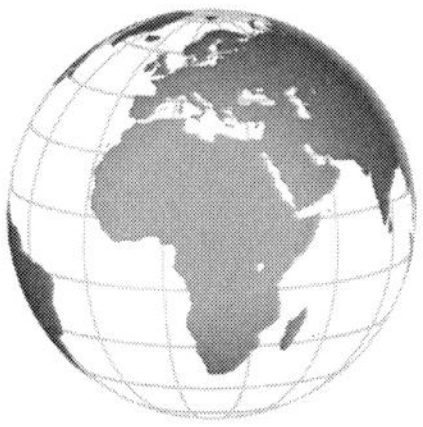

KOHL VERLAG
Lernwerkstatt AFRIKA
Die Kontinente der Erde kennen lernen – Bestell-Nr. 11 746

2. Afrika – die Regionen

EA

Aufgabe 3: *Afrika-Reise*
(der Lehrer liest vor, die Schüler zeichnen die Strecke / Route ein)

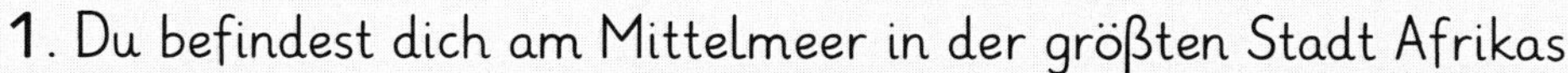

1. Du befindest dich am Mittelmeer in der größten Stadt Afrikas.
2. Du fährst den längsten Fluss des Landes hoch bis Khartum.
3. Von Khartum aus reist du quer durchs Land, durch die größte Wüste.
4. Schließlich erreichst du die Stadt Timbuktu.
5. Nun geht's in den Regenwald am Kongo und in die Stadt Kinshasa.
6. Du reist dahin, wo die Menschheit ihre Wurzeln hat, nach Addis Abeba in Äthiopien.
7. Von dort aus startest du über Nairobi zum Kilimandscharo.
8. Von dort aus geht es in die Hafenstadt Daressalam am Indischen Ozean.
9. Mit dem Schiff erreichst du die größte Insel des Kontinents – Madagaskar.
10. Die bekannteste Stadt in Südafrika ist Kapstadt. Dort ist dein Ziel.

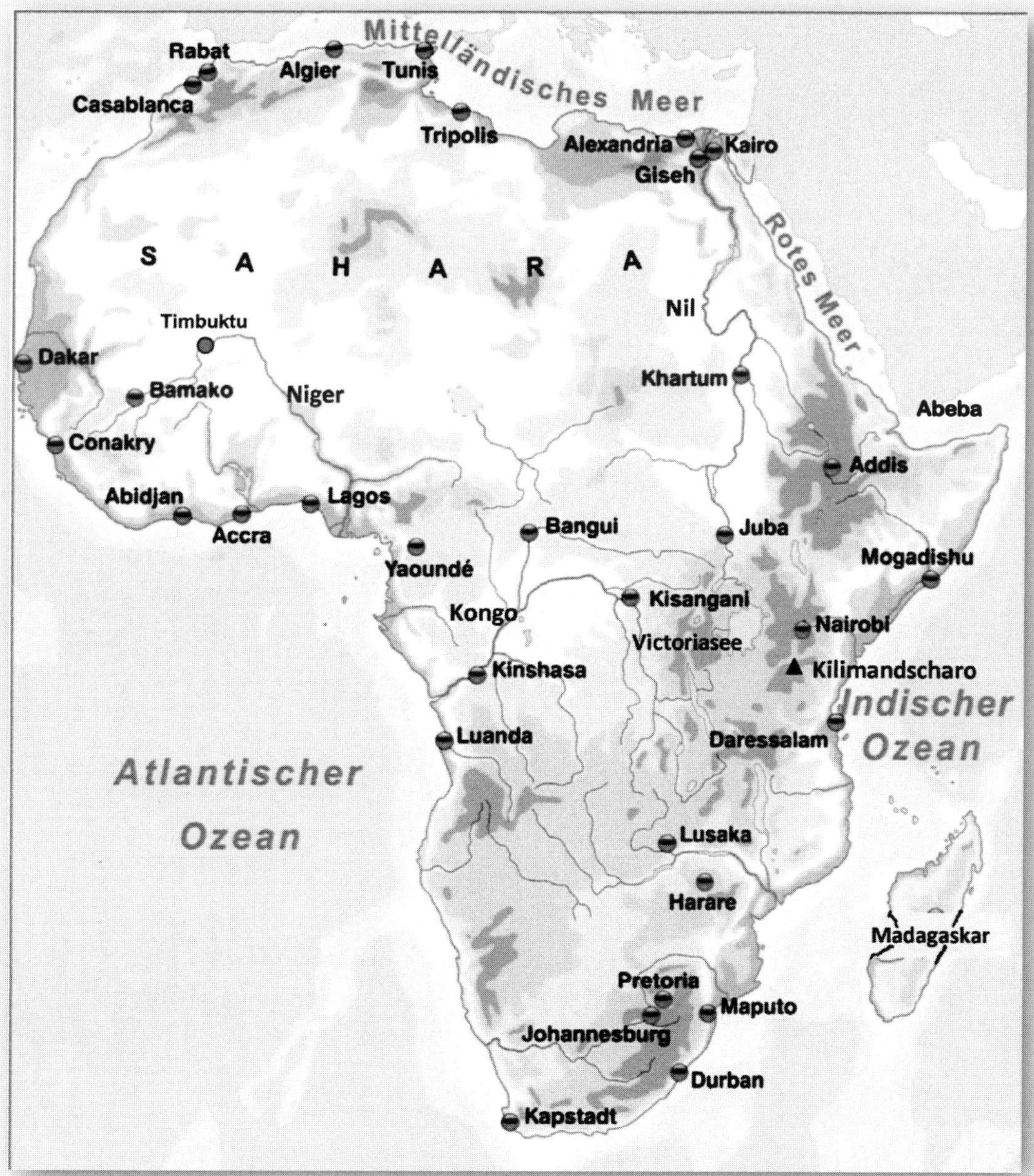

Die ersten Menschen gab es in Afrika

Die ersten Menschen sollen in Ostafrika, genauer im heutigen Äthiopien, gelebt haben. Forscher fanden dort die ältesten Knochenreste.

Die Menschenaffen und wir Menschen hatten vor vielen Millionen Jahren gemeinsame Vorfahren. „Baumaffen" nennt man sie. Sie lebten vor rund 20 bis vor 4 Millionen Jahren.

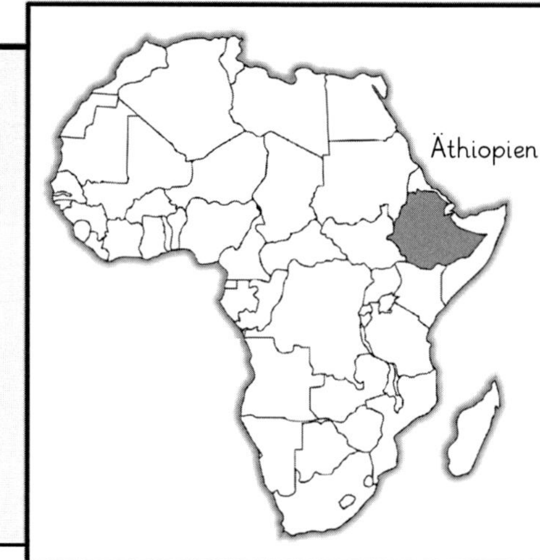

Ardi

Ein spannender Fund in Äthiopien: „Ardi", wie Forscher ihre 4,4 Millionen Jahre alte Entdeckung nennen, konnte einst so gut klettern wie ein Affe, aber laufen konnte sie auch schon. Was war das nun – ein Mensch oder ein Tier? Diese Affenmenschenfrau ist mit 4,4 Millionen Jahren sogar eine Million Jahre älter als der berühmte Fund Lucy. Sie ist eine der letzten gemeinsamen Vorfahren von Mensch und Tier. Mit ihr trennte sich die Entwicklung.

Lucy

Unsere Urahnin Lucy lebte vor 3,2 Millionen Jahren. Donald Johanson entdeckte ihr Skelett 1974 in Äthiopien (Afrika). Die Äthiopier nennen sie „Dingnsh", das bedeutet „die Schöne". Nur die Hälfte des Skeletts wurde gefunden. Wahrscheinlich war Lucy etwa 20 Jahre alt. Sie wog 30 Kilogramm und war 1 Meter groß. Ihr Skelett kann man im National Museum in Addis Abeba sehen.

EA

Aufgabe 1: *Wie stellt ihr euch Ardi und Lucy vor? Malt sie in die Kästchen. Vergleicht in der Klasse: Habt ihr alle dieselbe Vorstellung gehabt?*

Lernwerkstatt AFRIKA
Die Kontinente der Erde kennen lernen – Bestell-Nr. 11 746

3. Afrika – Geschichte

Das Alte Ägypten

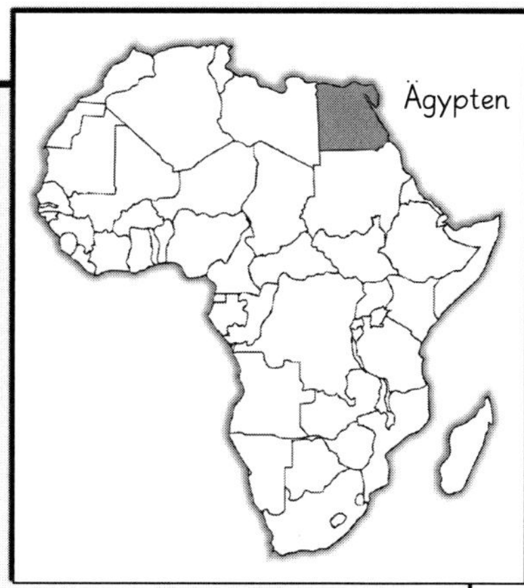

Die ägyptische Kultur entstand vor etwa 5000 Jahren. Die Hieroglyphen (die ägyptische Schrift) und der Kalender mit 365 Tagen wurden „erfunden". Pharaonen (Könige) regierten das Land. Sie wurden nach ihrem Tod in den Pyramiden bestattet. Pyramiden sind Grabmäler für Pharaonen. An einer Pyramide arbeiteten etwa 100.000 Menschen 20 bis 30 Jahren lang. Die berühmtesten sind die Pyramiden von Gizeh. Dort findet man auch die goldene Totenmaske von Tutanchamun und die berühmte Sphinx, die ihre Nase verloren hat.

Die Ägypter glaubten, dass sie ihren Körper auch nach dem Tod noch brauchten. So wurden die Körper der verstorbenen Könige besonders behandelt, damit sie lange erhalten blieben. Die einbalsamierten Toten heißen Mumien. Kostbare Gaben wurden den Pharaonen mit in die Grabkammer gegeben. Die Pyramiden wurden mit großen Steinen verschlossen. Trotzdem schafften es Grabräuber, viele Pyramiden zu plündern.

PA

Aufgabe 2: *Forscht nach und ordnet passend zu.*

(A)

(C)

(E)
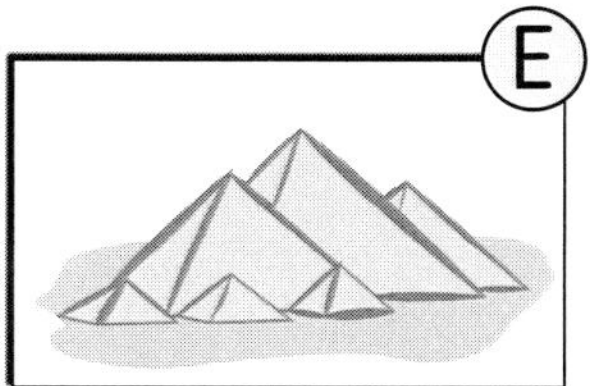

1. Pharao
2. Pyramide
3. Mumie
4. Hieroglyphen
5. Sphinx
6. Tutanchamuns Totenmaske

(B)

(D)
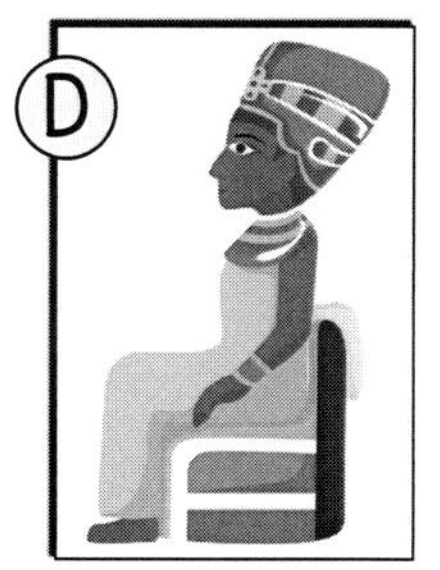

(F)

Lernwerkstatt AFRIKA
Die Kontinente der Erde kennen lernen – Bestell-Nr. 11 746
KOHL VERLAG

4. Nordafrika

Der Nil

Der Nil ist der längste Fluss Afrikas. Er misst 6671 Kilometer. Er fließt vom Viktoria-See in Ostafrika nach Ägypten zum Mittelmeer. In Khartum vereinigen sich der Weiße und der Blaue Nil. Die jährlichen Überschwemmungen des Nils schufen die fruchtbaren Ebenen, die die Menschen im alten Ägypten für den Ackerbau nutzten. Der Fluss wurde zum wichtigen Weg für Verkehr und Handel.

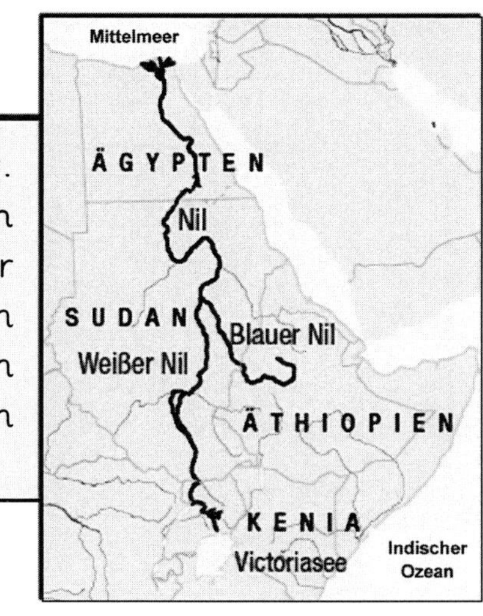

EA **Aufgabe 1:** *Male in der Karte an:*
Das Mittelmeer und den Indischen Ozean blau, den Weißen Nil lila, den Blauen Nil grün und den Nil rot.

EA **Aufgabe 2:** *Im Nil leben zwei bekannte Tiere, die auch ihren Namen von dem Fluss haben.*

- *Schreibe den Text richtig in dein Heft / deinen Ordner auf.*
- *Verbinde die Zahlen auf den beiden Bildern der Reihe nach.*
- *Ordne dann den richtigen Steckbrief zu.*

Nilpferde und Krokodile teilen ihren Lebensraum: Flüsse und Seen. Beide Tierarten leben aber friedlich miteinander, da die einen Pflanzenfresser, die anderen aber Fleischfresser sind. Krokodile gibt es schon seit 200 Mio. Jahren. Ihr Aussehen hat sich seitdem kaum verändert. Nilpferde werden auch Flusspferde genannt, obwohl sie mit Pferden gar nichts zu tun haben. Sie wurden wegen ihres Elfenbeins gejagt, sodass es nicht mehr viele gibt.

A

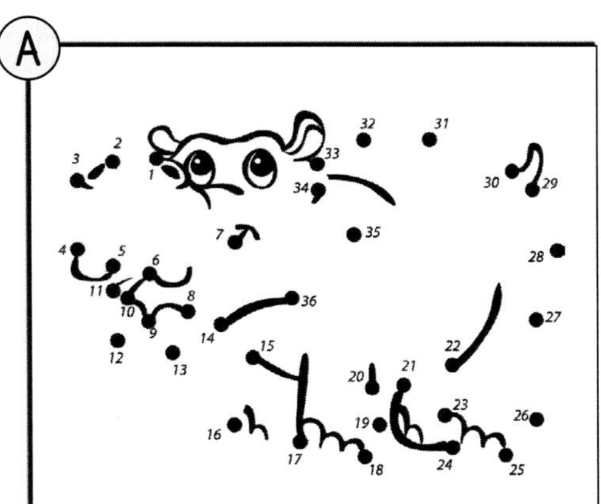

B

1

Klasse:	Reptilien
Größe:	1–6 m
Gewicht:	100–800 kg
Alter:	20–60 Jahre
Aussehen:	dunkelgrün, grau
Nahrung:	Fische, Säugetiere
Verbreitung:	Afrika
Lebensraum:	Flüsse, Meer, Seen

2

Klasse:	Säugetiere
Größe:	3–5 m
Gewicht:	1000–4000 kg
Alter:	20–40 Jahre
Aussehen:	grau
Nahrung:	Land- und Wasserpflanzen
Verbreitung:	Afrika
Lebensraum:	Flüsse, Seen

Lernwerkstatt AFRIKA Die Kontinente der Erde kennen lernen – Bestell-Nr. 11 746
KOHL VERLAG

4. Nordafrika

Die Sahara und die Sahelzone

Die Sahara erstreckt sich über elf Länder Nordafrikas. Die Wüste ist 26-mal so groß wie Deutschland. „Sahara" bedeutet „Wüste" oder „Sand". Doch der größte Teil der Wüste besteht aus Steinen und Felsen.
In der Sahara regnet es nur sehr selten. So können auch kaum Pflanzen oder gar Bäume wachsen. Tagsüber kann es über 50 Grad heiß werden, nachts ist es dann gut 30 Grad kälter. Trotzdem leben hier knapp drei Millionen Menschen. In der Sahara treffen die hellhäutige Bevölkerung Nordafrikas und die dunkelhäutige des Südens aufeinander. Die Sahara hieß bei den Nomaden „Meer ohne Wasser", denn im Süden gab es ein rettendes Ufer, den Sahel (arabisch Ufer). Mittlerweile wird leider aus der Sahelzone selbst eine Wüste, es wird dort immer trockener.

EA

Aufgabe 3: *Umrande die Sahara rot, den Sahel braun.*

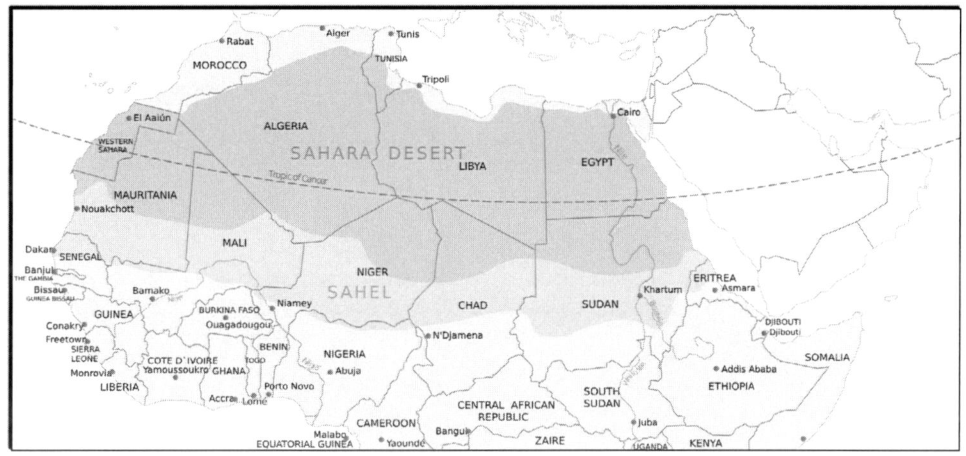

Aufgabe 4: *In und um die Sahara treffen Menschen mit heller und dunkler Hautfarbe zusammen. Wie nennt man schwarze Menschen richtig? Lest das Gespräch mit verteilten Rollen! Was ist eure Meinung? Diskutiert darüber.*

Lotta: *Wie nennt man denn nun korrekt schwarze Menschen?*
Timo: *Schwarzafrikaner werden die heute genannt. Das Wort mit N am Anfang und r am Ende geht nicht.*
Lotta: *Und wenn die nicht aus Afrika kommen? Es gibt ja auch in Amerika N... sorry, schwarze Menschen.*
Timo: *Ich glaube, dann sagt man Afroamerikaner ...*
Lotta: *Und ich dachte, man sagt Maximalpigmentierte. Aber da hat man mich heute ganz blöd angeschaut, als ich das sagte. Dabei habe ich schon Pflaster gesehen, worauf stand: für Maximalpigmentierte!*
Timo: *Vielleicht kann man auch Farbige sagen.*
Lotta: *Aber jeder Mensch ist farbig – rot, gelb, hellbraun, dunkelbraun – das ist keine genaue Aussage.*
Timo: *Ja, wir sind ja auch nicht wirklich weiß, eher beige, rosa oder so.*
Lotta: *Wie nennen die Farbigen uns eigentlich?*
Timo: *Sie bezeichnen uns als Weiße.*
Lotta: *Und warum soll man dann nicht Schwarze sagen? Ben! Ben! Ben, welche Bezeichnung findest du für schwarze Menschen richtig?*
Ben: *Also, wenn ihr „Schwarze" sagt, finde ich das o.k. Nur das Wort mit N geht gar nicht, das betrachten wir als Schimpfwort!*
Lotta: *Dann kannst du auch weiter „Weiße" zu uns sagen, obwohl wir gar nicht richtig weiß sind!*

Lernwerkstatt AFRIKA
Die Kontinente der Erde kennen lernen – Bestell-Nr. 11 746

4. Nordafrika

Pflanzen und Tiere in der Sahara

Pflanzen

In drei Vierteln der Sahara wachsen gar keine Pflanzen. Im letzten Viertel haben sich Gräser und kleine Sträucher entwickelt. Es gibt aber auch Bäume wie die Schirmakazie. Sie kann sich ihr Wasser aus einer Tiefe von bis zu 35 m holen.

Der Wüstenfuchs und andere Bewohner der Wüste

Auch Tiere haben sich der Hitze und dem Wassermangel angepasst. Es gibt Füchse, Echsen, Schlangen, Nagetiere, dazu viele Insekten (Käfer und Skorpione).

Manche Tiere trinken nie. Ihnen genügt das Wasser der Pflanzen, die sie fressen. Die meisten kleineren Tiere leben tagsüber unter der Erde. Schon in geringen Tiefen ist es kühl und feucht. Typisch für die Wüste ist der Wüstenfuchs (genannt Fennek) mit seinen großen Ohren. Mit ihnen kann er sehr gut hören, aber er nutzt die riesigen Lauscher auch zur Wärmeabgabe. Er ernährt sich von kleinen Tieren und von Pflanzen.

An den Rändern der Sahara leben im Norden wilde Schafe und Ziegen. Im Süden findet man Antilopen, Gazellen, Geparden, Hyänen und Schakale. Das Kamel stammt aus Asien und wurde hierher gebracht.

EA

Aufgabe 5: *Finde 18 Pflanzen und Tiere, die in der Sahara leben, im Buchstabengitter.*

S	C	H	E	T	K	Ä	F	E	R	K	I	L	O	S	S	A	W
K	W	Ü	S	T	E	N	S	P	R	I	N	G	M	A	U	S	Ü
O	V	U	T	O	S	D	Z	G	E	P	A	R	D	K	R	C	S
R	E	S	R	S	C	H	I	R	M	W	Q	Ä	Z	A	F	H	T
P	C	C	Ä	K	H	H	A	H	N	K	U	S	I	Z	R	L	E
I	H	H	U	R	A	N	T	I	L	O	P	E	E	I	O	A	N
O	S	U	C	E	K	B	E	R	B	I	S	R	G	E	S	N	F
N	E	T	H	D	A	L	U	L	H	Y	Ä	N	E	E	B	G	U
E	N	A	E	L	L	I	N	S	E	K	T	E	N	K	S	E	C
U	F	O	R	T	N	A	G	E	T	I	E	R	E	I	E	N	H
G	A	Z	E	L	L	E	N	A	S	C	H	A	F	E	I	T	S

Lernwerkstatt AFRIKA
Die Kontinente der Erde kennen lernen – Bestell-Nr. 11 746
KOHL VERLAG

4. Nordafrika

Völker – die Berber

Die Berber sind die ältesten Bewohner der Berge und Wüs-ten Nordafrikas. Berbervölker sind verstreut über Marokko, Algerien, Libyen und Mauretanien. Selbst im Osten von Mali und im Norden von Nigeria siedeln Berber.

Die meisten Berber leben in Dörfern in unwegsamen Bergtälern. Sie ernähren sich von Viehzucht und Ackerbau. Wasser ist knapp, nur in der Winterzeit reicht es zum Bebauen ihrer Felder. Im Frühling werden die Schaf- und Kamelherden hoch in die Berge getrieben. Einige Leute bleiben zurück und bestellen die Felder, bis ihre Familien im Herbst wieder ins Tal zurückkehren. In den Tälern lebt man in Häusern, in den höheren Bergen in Zelten aus Kamelhaardecken. Von ihren Tieren nutzen die Berber Wolle, Felle, Milch und Fleisch. Die Berber leben in Großfamilien. Die Männer kümmern sich um das Vieh, die Frauen um die Familie und die Verarbeitung der Produkte der Tiere. Sie stellen Schmuck her und weben bunte Stoffe. So tragen sie zum Unterhalt der Familien bei.

EA

Aufgabe 6: *Lotta berichtet über die Berber. Stimmt das, was sie erzählt? Die Buchstaben hinter den richtigen Sätzen ergeben ein Lösungswort.*

		richtig	falsch
1	Die Berber sind die ältesten Bewohner Nordafrikas.	K	W
2	Sie wohnen in Südafrika.	R	E
3	Meist leben sie in einsamen Bergdörfern.	A	Z
4	Sie haben genug Wasser.	F	K
5	Im Frühling ziehen die Schweineherden hoch in die Berge.	U	O
6	Einige Menschen bestellen im Tal die Felder.	M	P
7	Von ihren Tieren nutzen die Berber Felle, Wolle, Milch und Fleisch.	E	A
8	Die Männer weben bunte Stoffe und stellen Schmuck her.	S	D
9	Im Winter reicht das Wasser, um die Felder zu bebauen.	L	E

Lösungswort: ____________________

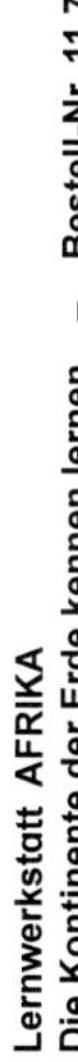

4. Nordafrika

Völker – die Tuareg

Ein großes Berbervolk sind die Tuareg. Einige ziehen noch als Nomaden durch die Wüste. Kaum jemand kennt die Sahara so gut wie sie. Land haben sie nie besessen, ihre Besitztümer sind die Viehherden. Sie leben vom Handel und von ihrer Kenntnis der Wüste. Man nennt sie „das blaue Volk", denn sie sind die einzigen, die ihre Kleidung tiefblau färben.

Die Tuareg haben in der Wüste ein großes Wegenetz über Tausende von Kilometern entwickelt. Dazwischen legten sie Oasen an. Heute sind die meisten sesshaft geworden. Die Tuareg leben in Großfamilien. Frauen haben eine starke Stellung. Sie wählen die Männer, die sie heiraten. Die ganze Großfamilie kümmert sich um die Kinder.
In der Sahelzone werden ihre Zelte aus Palmwedeln gebaut. In der Wüste bestehen sie aus Schaf- oder Ziegenleder. Die Tuareg der Wüste züchten Kamele, die Tuareg im Sahel halten Ziegen, Schafe und Rinder.

Sie ernähren sich von Milch, Milchprodukten und Getreide. Milch wird mit Wasser zur täglichen Mahlzeit getrunken. Oder die Frauen lassen sie in Schalen offen stehen, sodass die Milch zu Sauermilch oder Dickmilch wird. Außerdem benötigen sie Milch für Butter und Käse. Fleisch gibt es nur an Festtagen. Frauen und Kinder sammeln Beeren, Früchte, Wurzeln und Samen. Grüner Tee mit viel Zucker gehört zu jedem Gericht. Tagella heißt das Brot der Tuareg. Es wird aus verschiedenen Getreidearten gebacken. Mit Mehl, Wasser und etwas Salz wird ein Teig geknetet. In der Zwischenzeit lassen die Frauen ein Feuer niederbrennen. Dann wird die Glut zur Seite geschoben und an der Feuerstelle eine Kuhle geformt. In diese Kuhle wird der Teig gelegt und mit Sand und Glut bedeckt. Nach einer halben Stunde wird das Brot in der Glut gewendet, kurz danach ist es fertig. Nun wird das Brot gewaschen. Es wird täglich entweder mit Milch, Tomatensoße oder Ziegenbutter gegessen.

Heute leben etwa eine Million Tuareg in Nordafrika. Sie kämpfen für einen eigenen Staat in Mali. Die Tuareg gründeten die Stadt Timbuktu. Das war früher nur eine Oase mit einem Brunnen, der sich am südlichen Rand der Sahara befand. Vor gut 1000 Jahren erweiterten die Tuaregvölker den Ort zu einer Handelsstation mit einem Markt, mit Moscheen und Lehmhäusern. Damals lag Timbuktu noch nahe am Niger. Durch die Ausbreitung der Wüste ist Timbuktu heute 15 km vom Niger entfernt.

EA **Aufgabe 7:** *Wie heißt die Stadt, die die Tuareg vor etwa 1000 Jahren gründeten?*

❏ *Timbaskto* ❏ *Tamlatku* ❏ *Timbuktu* ❏ *Tumbikto*

EA **Aufgabe 8:** *Zeichne die Stadt auf ein Blatt Papier. Was gibt es dort alles?*

EA **Aufgabe 9:** *Wodurch unterscheiden sich die Tuareg in der Sahara und in der Sahelzone? Schreibe in dein Heft / in deinen Ordner.*

Lernwerkstatt AFRIKA Die Kontinente der Erde kennen lernen – Bestell-Nr. 11 746

4. Nordafrika

Oasen – grüne Inseln in der Wüste

Oasen waren früher „Tankstellen" für Reisende mit ihren Karawanen. Die Handelsleute und ihre Kamele bekamen dort Nahrung und vor allem Wasser. Heute, wo man mit dem Flugzeug schnell große Entfernungen zurücklegen kann, sind die Oasen in der Wüste für Reisende nicht mehr ganz so wichtig.

Eine alte Geschichte erzählt: „Als Allah den Menschen erschaffen hatte, blieben ihm zwei Tonklumpen übrig. Aus diesen formte er die Dattelpalme und das Kamel." Beide haben auch heute noch große Bedeutung. Kamele und Dromedare werden als Reit- und Lasttiere eingesetzt und liefern Fleisch, Milch, Wolle, Leder sowie Dung als Brennstoff. Die Höcker der Kamele bestehen aus Fett, nicht aus Wasser.

Da die Fläche in den Oasen knapp ist, baut man Obst und Gemüse in drei verschiedenen Stockwerken an.

- Im ersten Stockwerk erfolgt der Anbau von Getreide (Gerste, Hirse, Weizen) und Gemüse (Bohnen, Gurken, Melonen, Zwiebeln ...).
- Im zweiten Stockwerk gedeihen niedrige Bäume (Feigen, Granatäpfel, Orangen, Oliven, Pfirsiche).
- Im dritten Stockwerk wachsen die Dattelpalmen. Deren Früchte werden vorwiegend für den Export angebaut.

EA

Aufgabe 10: *Schreibe in dein Heft / in deinen Ordner.*

a) *Erkläre, was Oasen sind.*

b) *Welche Aufgaben hatten die Oasen früher?*

c) *Welchen Baum gibt es in jeder Oase?*

d) *Male die verschiedenen Stockwerke des Oasenanbaus auf.*

e) *Welche anderen Namen haben das Kamel mit einem Höcker und das Kamel mit zwei Höckern?*

f) *Wozu nutzten die Menschen das Kamel?*

____

____

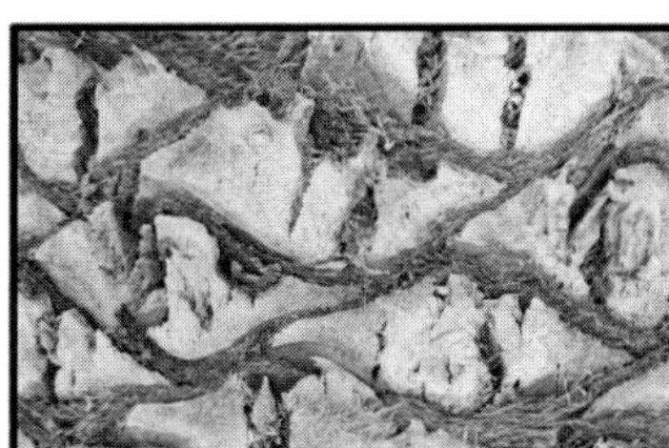

g) *Kannst du erraten, was das Bild links zeigt?*

____

____

Lernwerkstatt AFRIKA
Die Kontinente der Erde kennen lernen – Bestell-Nr. 11 746
KOHL VERLAG

4. Nordafrika

Die Dattelpalme

Die Dattelpalmen, die es in jeder Oase gibt, dienen als Schattenspender und sind ein lebenswichtiger Unterschlupf für die Bewohner der Wüste. Sie zählen zu den ältesten Kulturpflanzen der Erde. Je heißer die Sonne brennt, je trockener es ist, desto höher werden die Stämme und desto süßer werden die Früchte. Die Wurzeln der Palme können bis zu 25 Meter in die Tiefe reichen. Das genügt in einer Oase, um an das Grundwasser zu gelangen. Die Oasenbauern nutzen alle Teile der Dattelpalme.

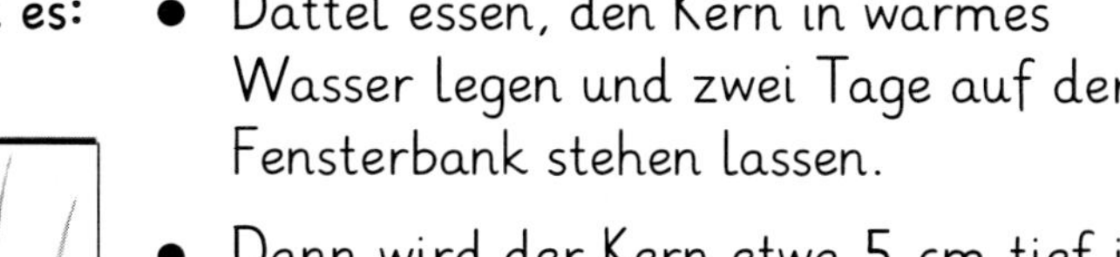

Versuch: Eine Dattelpalme ziehen

Ihr braucht: Dattel, warmes Wasser, Joghurtbecher, einen Blumentopf, Erde

So geht es:

- Dattel essen, den Kern in warmes Wasser legen und zwei Tage auf der Fensterbank stehen lassen.
- Dann wird der Kern etwa 5 cm tief in einen Topf mit Blumenerde gesteckt.
- Sonnenwärme und regelmäßiges Gießen sorgen dafür, dass sich nach mehreren Wochen ein erster Trieb zeigt.

EA

Aufgabe 11: *Wozu verwendet man die verschiedenen Teile der Dattelpalme? Verbinde richtig.*

Palmwedel	**kann man als Salat essen**
junge Palmblätter	**Säcke und Seile**
Fasern	**Zäune, Matten, Körbe, Besen**
Stamm	**Nahrung, Export** (etwa 100 kg pro Palme im Jahr)
Dattelkerne	**zerkleinert als Viehfutter**
Datteln	**Bauholz, Brennholz**

Lernwerkstatt AFRIKA Die Kontinente der Erde kennen lernen – Bestell-Nr. 11 746

4. Nordafrika

Wüsten- und Oasen-Mandala

EA **Aufgabe 12**: *Welche beiden lustigen Tiere kannst du hier erkennen? Beim linken Bild musst du nur die Punkte rundum verbinden, rechts der Reihe nach zeichnen. Male dann beide Tiere bunt an.*

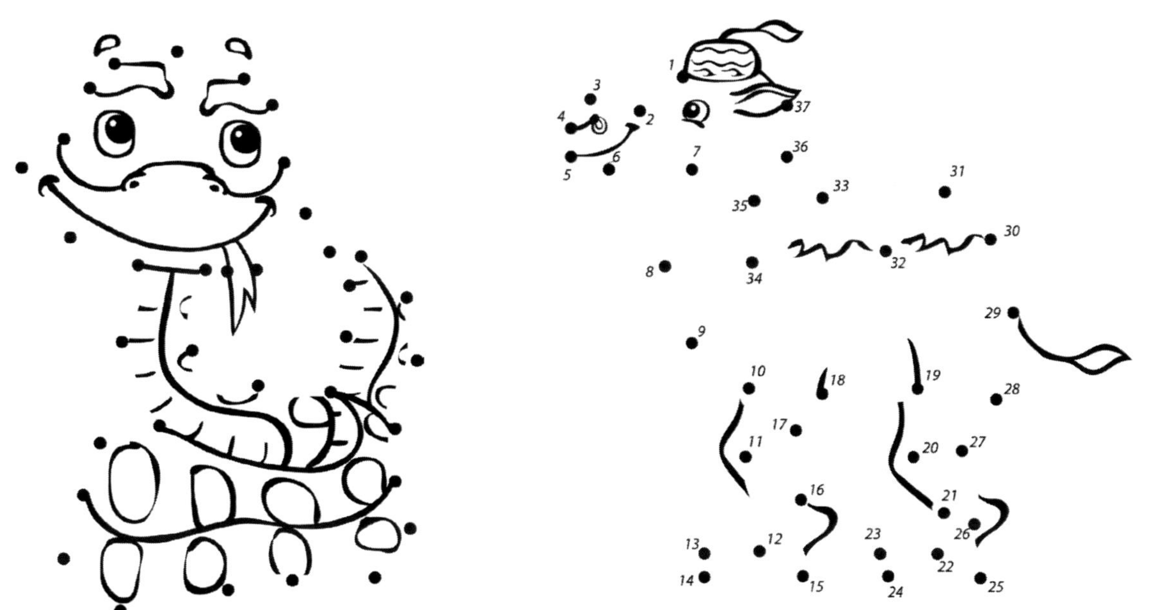

Lernwerkstatt AFRIKA
Die Kontinente der Erde kennen lernen – Bestell-Nr. 11 746
KOHL VERLAG

5. Savannen

Schirmakazie

Savannen nennt man die Gebiete zwischen dem tropischen Regenwald und den Wüsten. In Afrika gibt es viele Savannen, die berühmteste ist die Serengeti. In der Savanne leben viele Tierarten. Der bekannteste Baum Afrikas ist die Schirmakazie Der Baum wächst auf sandigen und steinigen Böden, sogar in der Wüste. Das Holz des Baumes wird für Möbel, Zaunpfähle, Kisten und Stifte genutzt. Das Laub und die Früchte dienen als Futter für Tiere.

Baobab – Affenbrotbaum

Ein weiterer Baum in der Savanne ist der Affenbrotbaum (Baobab genannt). Die Buschmenschen zapfen direkt den Wasservorrat im Stamm der Bäume an. Früchte, Samen, Rinde und Blätter des Baums sind vielseitig nutzbar. Die Höhlungen des Baobabs werden außerdem als Lager für Getreide und Wasser verwendet.

Die Serengeti

Serengeti bedeutet „endlose Ebene" und beschreibt die weite Graslandschaft. Der Serengeti Nationalpark ist das größte Schutzgebiet für Wildtiere auf der Welt. Dort leben mehr als 3 Millionen Tiere. Als die Weißen in Afrika erschienen, begannen europäische Großwildjäger, Tiere in großer Zahl abzuschießen. Die Bestände nahmen stark ab. Zum Schutz der Savanne und der dort lebenden Tiere wurden Naturreservate eingerichtet. Die Massai, die Einwohner, die dort lebten, wurden verdrängt. Besonders das Elfenbein der Elefanten war (und ist)sehr wertvoll. So fanden sich viele Wilderer, die die Tiere deswegen töteten. Lange Zeit war der Handel mit Elfenbein die größte Bedrohung für die Elefanten. 1989 wurde der Elfenbeinhandel weltweit verboten.

Für Löwen, Giraffen, Elefanten, Zebras, Büffel, Gazellen, Gnus, Nilpferde, Krokodile und viele andere wilde Tiere ist der Serengeti Nationalpark ein Paradies.

EA

Aufgabe 1:

a) *Welche beiden Bäume wachsen in der Savanne? Male die Bäume rechts an und beschrifte sie richtig.*

Schreibe in dein Heft / in deinen Ordner.

b) *Was ist ein Nationalpark?*

c) *Wo finden wir Elfenbein?*

d) *Seit wann ist der Handel mit Elfenbein verboten?*

KOHL VERLAG Lernwerkstatt AFRIKA Die Kontinente der Erde kennen lernen – Bestell-Nr. 11 746

5. Savannen

Tiere in der Savanne

Der Sekretär, ein großer Greifvogel

Die äußersten Spitzen der hohen Bäume werden von den Giraffen verzehrt, Elefanten bevorzugen die unteren Äste und die Rinde. Die kleineren Bäume und die Büsche teilen sich Nashorn, Antilope und Gazelle (Gazellen sind kleine Antilopen). Von den niedrigsten Zweigen, oft nur knapp über dem Boden, ernähren sich Steinböcke und Dikdiks (Zwergantilopen).

Mit den Gräsern beginnt der Bereich der Weidetiere. Die Zebras beißen die harten Spitzen ab, während die Antilopen die weicheren Teile fressen. Gazellen nutzen die bodennahen Teile der Grashalme, Warzenschweine wühlen sogar bis zum Wurzelbereich hinab. Kaffernbüffel weiden das ganze Gras ab.

Auch die Vogelwelt der Savannen ist vielfältig. Den Zebraherden folgen die größten lebenden Vögel, die afrikanischen Strauße. Der Sekretär stelzt auf der Suche nach Schlangen durch das hohe Gras. Millionen von Zugvögeln bewohnen jedes Jahr im Winter die Savannen.

EA

Aufgabe 2: a) *Gestalte das Bild mit weiteren Pflanzen. Male es dann farbig aus.*

b) *Wer frisst welche Pflanzenteile?*
Schreibe die Namen der Tiere an die richtige Stelle.

Giraffe • Dikdik • Antilope • Zebra • Warzenschwein • Elefant • Gazelle • Nashorn • Steinbock • Kaffernbüffel

Lernwerkstatt AFRIKA
Die Kontinente der Erde kennen lernen – Bestell-Nr. 11 746
KOHL VERLAG

5. Savannen

Die Jäger der Savanne

Den Pflanzenfressern folgen die „Jäger", allen voran die Löwen. Aus guter Deckung heraus versuchen sie, Beute zu machen. Von Bäumen aus oder an den Wasserstellen jagt der Leopard. Auch er ist ein Lauerjäger, während der Gepard in blitzschnellem Spurt seine Beute schlägt. Bei der Hetzjagd sind die im Rudel jagenden Tiere wie Wildhunde und Hyänen im Vorteil. Sie kreisen ihre Beute ein, sodass es für sie kein Entkommen gibt.

EA

Aufgabe 3: *Welche Tiere gehören zu den Fleischfressern in der Savanne?*

____

EA

Aufgabe 4: *Was ist ein „Lauerjäger"? Welche Raubkatzen zählen dazu?*

____

EA

Aufgabe 5: *Hier sitzen ein Löwe, ein Gepard und ein Leopard. Kannst du die Raubkatzen am Fell unterscheiden? Wem gehört welches Fell? Verbinde richtig.*

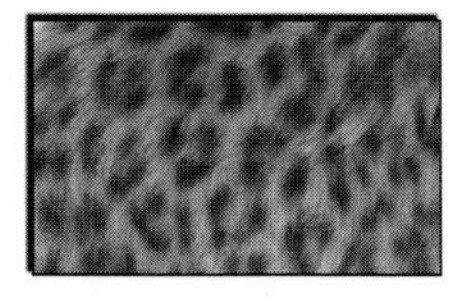
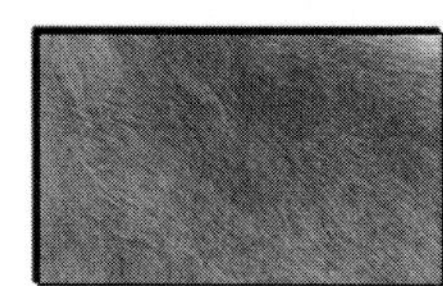
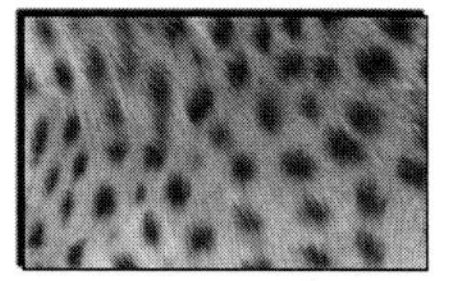

EA

Aufgabe 6: *Was ist ein Rudel? Finde andere Wörter. Schreibe in dein Heft / in deinen Ordner.*

EA

Aufgabe 7: *Welche Tiere jagen im Rudel? Wie jagen sie dann? Schreibe in dein Heft / in deinen Ordner.*

GA

Aufgabe 8: *Es gibt in der Savanne noch viel mehr Tiere als hier vorgestellt werden. Gestaltet eine Kollage auf einem großen Stück Tapete. Findet dazu Bilder in Zeitungen, Zeitschriften oder im Internet und notiert zu jedem Tier einen kurzen Steckbrief.*

5. Savannen

EA

<u>Aufgabe 9</u>: Lotta hat unter alle Tiere den Namen geschrieben. Doch leider hat sie die Buchstaben vertauscht. Kannst du die Tiere richtig nennen? Notiere sie in der Einzahl. Bei jedem Tier bleibt jedoch ein Buchstabe übrig. Hintereinander gelesen, ergeben sie ein Lösungswort.

BRAZES	FANETELA	TILVOPENA	FAGARIFE
BAFFELNKÜFFERN	BEINSTONCK	SANROHNE	ZELGALEN
SCHWARZEPINENW	WELÖF	LELOPARD	GEPARDA
ÄNEHYN	KRETÄRZES	DUHNDILWE	STRANSUS

Lösungswort:  ______________________________

Was kanst du darüber berichten?

5. Savannen

Kreuzworträtsel

EA

Aufgabe 10: *Setze die Tiere richtig in das Gitter ein.*
Für ß musst du SS einsetzen und Ä = Ä.

1. Wie heißt das Raubtier, bei dem das Männchen eine lange Mähne hat?
2. Welches Tier hat einen ganz langen Hals?
3. Wer trägt ein Horn auf der Nase?
4. Wer lauert auf seine Beute?
5. Wer gehört zu den Rüsseltieren?
6. Welcher Vogel läuft durchs Land, kann aber nicht fliegen?
7. Ein Tier mit vielen Streifen im Fell – was ist das?
8. Es gibt da Tiere, die gleichen uns Menschen. Es sind die ...
9. Kleine Männchen, die in der Kalahari leben ...
10. Ein mächtiges Tier, was vom längsten Fluss Afrikas seinen Namen hat ...
11. Sie schlängelt sich durch das Land, es ist die ...
12. Ein ganz schneller Jäger ist der ...
13. In der Sahara lebt der Wüstenfuchs mit seinen Riesenohren, der ...
14. Und noch jemand der nicht so beliebt ist, wohnt in der Wüste ...

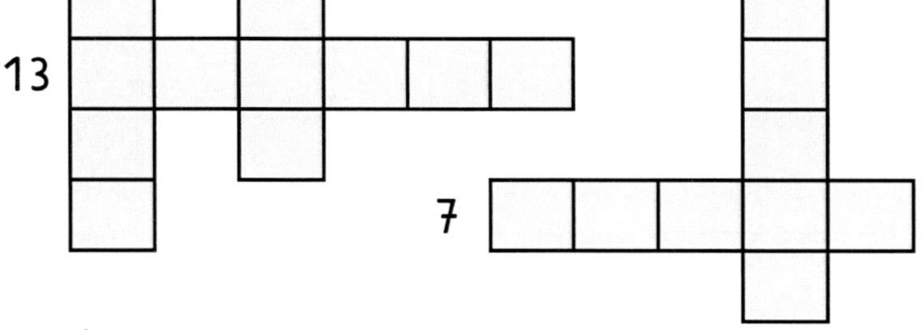

Lösungswort: ______________________

Lernwerkstatt AFRIKA
Die Kontinente der Erde kennen lernen – Bestell-Nr. 11 746
KOHL VERLAG

5. Savannen

Die Zebra-Seite

Zebras sehen aus wie kleine Pferde. Sie werden 100 bis 160 Zentimeter groß. Sie haben keine lange Mähne wie Pferde, sondern eine kurze, stehende Mähne. Zebras leben in Afrika südlich der Sahara. Sie fressen Gras und Kräuter. Ihr Streifenmuster dient dazu, dass sie aus der Entfernung kaum zu sehen sind. So können Raubtiere sie schlechter erkennen, wenn sie im hohen Gras stehen. Die meisten Zebras leben in kleinen Gruppen von bis zu 20 Tieren. Manchmal mischen sich Zebra-Herden auch mit Antilopen und Straußen und ziehen gemeinsam umher.

PA

Aufgabe 11: *Betrachtet die 9 Zebras ganz genau. Findet ihr zwei gleiche Tiere?*

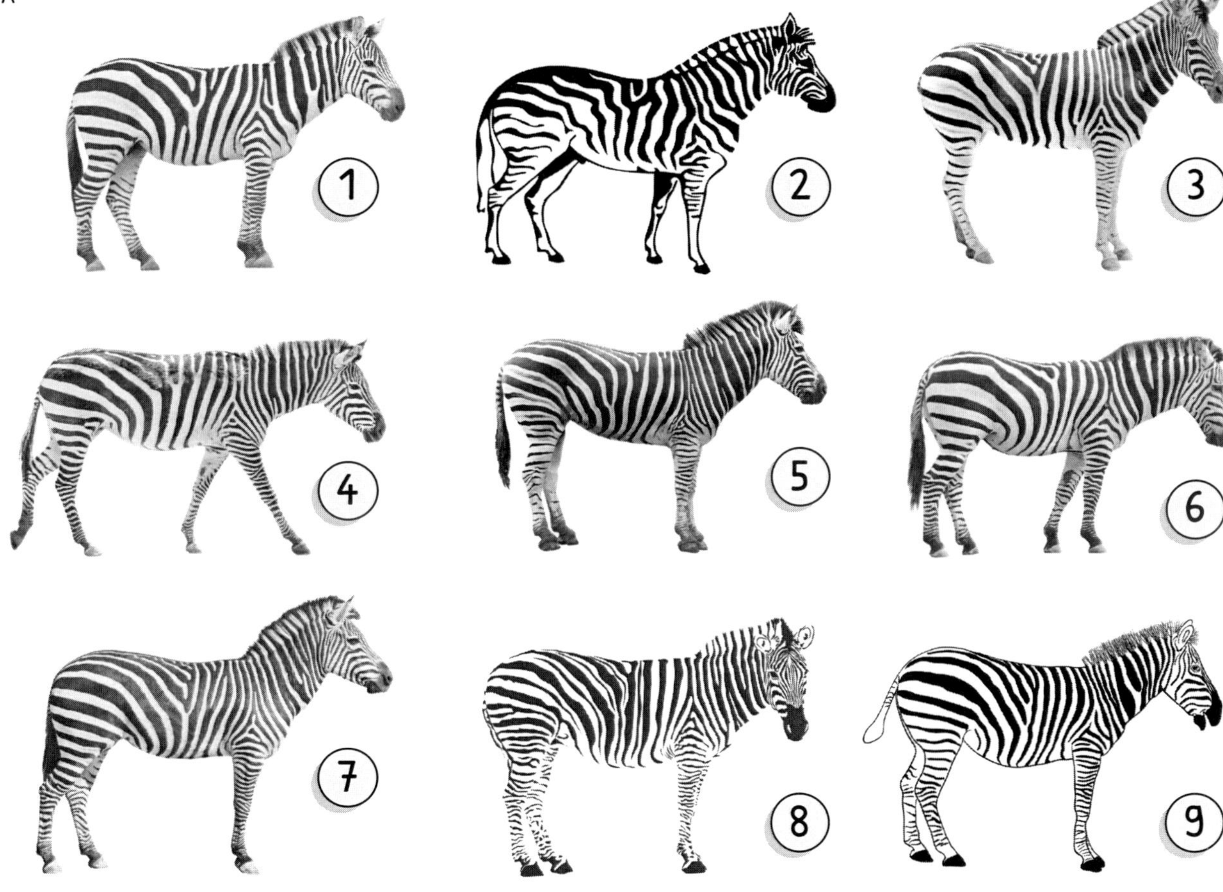

☐ *Ja, wir finden Zebra ______ und Zebra ______ sind genau gleich.*

☐ *Nein, wir finden kein gleiches Paar.*

Und hier die richtige Antwort:
Natürlich war Lotta wieder am Werk und hat einen Riesensatz geschrieben. Großbuchstaben, Punkt und Komma kennt sie auch nicht. Schreibt den Satz richtig ab und ihr wisst, wie das mit den Zebrastreifen ist …

esgibtkeinezweizebrasdiegenaugleichsindjedestierhatseinganzeigenesmusterdassich
einwenigvondenanderentierenunterscheidetzebraswissengenauwelchetierezuihrerfami
liegehörensieerkennensichanderzeichnungihrerstreifenamgeruchundanihrerstimme

Lernwerkstatt AFRIKA
Die Kontinente der Erde kennen lernen – Bestell-Nr. 11 746

Elefanten

Elefanten gehören zur Familie der Rüsseltiere. Sie leben in Afrika und in Asien. Der Elefant in Afrika ist kräftiger und hat auch viel größere Ohren. Die Elefantenmütter nennt man Kühe, die Väter heißen Bullen. Elefantenweibchen leben mit ihren Jungen in Herden zusammen. Elefanten fressen jeden Tag etwa 150 kg Blätter, Äste, Gras, Früchte und Baumrinde. Dazu trinken sie 80 Liter Wasser. Die Vorfahren der Elefanten waren die Mammuts.

EA

Aufgabe 12: *Verbinde die Satzteile richtig und notiere die Sätze in deinem Heft.*

1	Der Elefant mit den großen Ohren …
2	Die Vorfahren der Elefanten …
3	Elefantenweibchen und ihre Jungen …
4	Weibliche Tiere nennt man …
5	Elefanten trinken jeden Tag …
6	Der kleinere Elefant …
7	Männliche Elefanten …
8	Elefanten gehören zur …
9	Elefanten fressen jeden Tag etwa …

A	… sind die Mammuts.
B	… lebt in Afrika.
C	… 80 Liter Wasser.
D	… heißen Bullen.
E	… leben in Herden zusammen.
F	… Elefantenkühe.
G	… 150 kg Blätter, Äste, Gras, Früchte und Baumrinde.
H	… lebt in Asien.
I	… Familie der Rüsseltiere.

EA

Aufgabe 13: *Kennst du dich aus? Ergänze die Tabelle.*

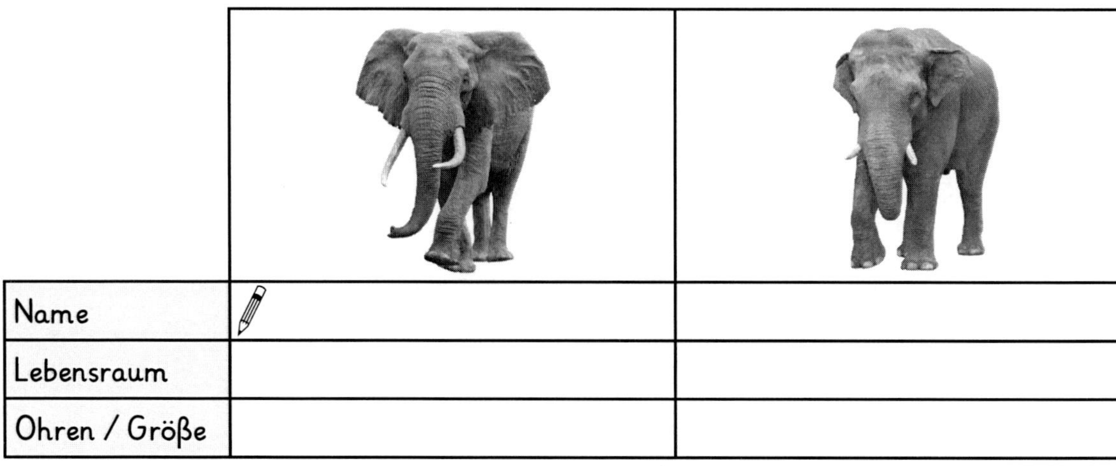

Name		
Lebensraum		
Ohren / Größe		

KOHL VERLAG Lernwerkstatt AFRIKA Die Kontinente der Erde kennen lernen – Bestell-Nr. 11 746

EA

Aufgabe 14: Der kleine Elefant Bobby hat mit den anderen Elefantenkindern gespielt. Nun will er zu seiner Mutter zurück, aber er weiß den Weg nicht mehr. Auch die Elefantenmama wartet auf ihren Sohn. Schließlich finden sich die Elefantenmama und ihr Junges.

a) Bringe die Bilder in die richtige Reihenfolge und erzähle die Geschichte ausführlich.

b) Hilf Bobby, den richtigen Weg zu finden.

EA

Aufgabe 15: Male die Elefanten an. Schneide sie aus. Zeichne auf ein großes Blatt eine Landschaft mit Bäumen, Sträuchern und Gräsern, eine Savannenlandschaft. Klebe die Elefanten in dein Bild.

Lernwerkstatt AFRIKA
Die Kontinente der Erde kennen lernen – Bestell-Nr. 11 746
KOHL VERLAG

Afrikanische Vögel

Aufgabe 16: *Afrikanische Vögel stellen sich hier vor. Schneide Bilder und Kärtchen aus und klebe sie passend auf ein großes Blatt.*

EA

1. Strauß
Strauße sind die größten heute lebenden Vögel. Mit einer Höhe von bis zu 2,5 m und einem Gewicht von bis zu 135 kg ist an Fliegen nicht mehr zu denken. Umso kräftiger sind aber ihre Beine. In den Savannen, wo es kaum Verstecke gibt, ist Schnelligkeit lebenswichtig. Strauße fressen meist Pflanzen.

2. Südlicher Hornrabe
Er sucht seine Nahrung auf dem Boden. Er mag große Insekten, kleine Nagetiere und Schlangen, manchmal wenige Früchte. Die Vögel leben in kleinen Gruppen zusammen. Der Vogel wird 80 bis 100 cm lang. Seine „Hoo-hoo-hoo-hoo"-Rufe kann man sehr weit hören.

3. Flamingo
Mit seinem gekreuzten Schnabel filtert er die Nahrung aus dem flachen Wasser. Flamingos ernähren sich von Weichtieren, Schalentieren, Insekten, Fischen und kleinen Wasserpflanzen. Ihr Nest besteht aus einem Schlammkegel, den das Weibchen mit dem Schnabel baut.

4. Sekretär
Für Greifvögel sind sie höchst ungewöhnlich: Sie laufen auf ihren langen Beinen durch die Savanne und zertreten ihre Beute – Nagetiere, Schlangen und große Insekten – mit kräftigen Fußtritten. Das riesige Nest hingegen wird hoch in einer dornigen Baumkrone gebaut.

5. Schwarzköpfchen-Papagei
Auf den höchsten Zweigen des Baobabs sieht man sie in Gruppen sitzen. Sie sind etwa 15 cm lang und fressen Samen, Früchte und Knospen. Da diese Papageien eine sehr enge Paarbindung haben, werden sie auch „Liebesvögel" genannt.

6. Pelikan
Rosapelikane gehören zu den größten Vögeln, die fliegen können. Pelikane ernähren sich ausschließlich von Fischen, die sie gemeinschaftlich in Gruppen jagen. Mit ihrem großen Schnabel fischen sie ihre Beute aus dem Wasser.

Lernwerkstatt AFRIKA
Die Kontinente der Erde kennen lernen – Bestell-Nr. 11 746
KOHL VERLAG

Safari und die „Big Five"

Zu den „Big Five" zählt man Elefant, Nashorn, Büffel, Löwe und Leopard. Für die Großwildjäger des 19. und frühen 20. Jahrhunderts waren diese fünf Tiere am schwersten zu erlegen.
Als die Jagd auf Wildtiere noch nicht von Jeeps oder Helikoptern aus unternommen wurde, war sie ganz schön gefährlich. Trotzdem wollte jeder Jäger gerne ein Siegeszeichen von der Jagd mit nach Hause nehmen. Bei Elefanten waren es die Stoßzähne, bei den Nashörnern das Horn, bei den Büffeln der Kopf mit den großen Hörnern. Löwe und Leopard wurden mit Kopf und Fell zu Hause gut sichtbar angebracht. Diesem Ehrgeiz der Großwildjäger fielen hunderttausende Tiere in Afrika zum Opfer. Ende des 19. Jahrhunderts gründete Paul Krüger zum Schutz der Wildnis und der in ihr lebenden Tiere den Krüger-Nationalpark. Das Wildschutzgebiet ist das größte in Südafrika. Dort leben fast 150 Säugetierarten, dazu unzählige Vögel, Insekten, Fische und Reptilien. Heute unternimmt man Fotosafaris und kann zu Hause tolle Geschichten erzählen, ohne Tiere sinnlos zu töten.

Aufgabe 17: a) *Welche Tiere zählt man zu den „Big Five"?*

____

b) *Erstellt zu den Tieren jeweils einen Steckbrief. Findet Fotos und gestaltet zu jedem Tier ein Blatt.*

c) *Es gibt weitere interessante Tiere, wie die Giraffe, das Flusspferd, das Zebra, den Strauß ... Wählt euch einige aus und fertigt auch dazu eine Seite an.*

• Steckbrief •

Name: ____________________

Aussehen: ____________________

____

Größe: ____________________

Gewicht: ____________________

Nahrung: ____________________

____

Lebensweise: ____________________

____

____

• Steckbrief •

Name: ____________________

Aussehen: ____________________

____

Größe: ____________________

Gewicht: ____________________

Nahrung: ____________________

____

Lebensweise: ____________________

____

____

KOHL VERLAG Lernwerkstatt AFRIKA Die Kontinente der Erde kennen lernen – Bestell-Nr. 11 746

5. Savannen

Savannentiere basteln

Ihr braucht:

- Leere Toilettenpapier-Rollen, eine pro Tier
- Deckfarben, Pinsel, Wasser, Kleber
- Filzstifte für die Gesichter der Tiere
- Tonpapier in braun, gelb, beige, grün
- einige kleine Kieselsteine zum Beschweren

So geht es:

- Die Klopapierrolle an einem Ende zukleben.
- Die Rolle evtl. kürzen (ein Elefant ist größer als ein Löwe!).
- Einen Tierkopf auswählen und auf Tonpapier übertragen.
- Gesicht aufmalen.
- Die Rolle mit dem Muster des Tierfells bemalen, trocknen lassen.
- Den Tierkopf oben an die Rolle kleben.
- Die Steinchen in die Rolle füllen (so steht sie besser) und die Tiere aufstellen.
- Genau so lassen sich einige Bäume gestalten, die aber auch größer sein dürfen als die Schablonen hier.

Tipps:

- Auf der Fensterbank oder auf einem Regal lässt sich so eine ansehnliche Savannenlandschaft gestalten. Einige Moospflänzchen ergänzen das Ensemble.
- Alle Schüler sollten zwei Tiere, bzw. ein Tier und einen Baum basteln. Damit sich nicht nur Elefanten und Löwen in der Savanne tummeln, sollte zuvor beschlossen werden, wer was herstellt.

KOHL VERLAG Lernwerkstatt AFRIKA Die Kontinente der Erde kennen lernen – Bestell-Nr. 11 746

5. Savannen

KOHL VERLAG
Lernwerkstatt AFRIKA
Die Kontinente der Erde kennen lernen – Bestell-Nr. 11 746

Völker – die Massai

Ein bekanntes Nomadenvolk in Ostafrika sind die Massai. Sie ziehen mit ihren Viehherden immer dorthin, wo fruchtbares Grasland ist. Sie gelten als mutige Jäger. Auch heute noch zählt das Erlegen eines Löwen zur wichtigsten Mutprobe der Massai-Krieger. Das Wichtigste für die Massai ist ihr Vieh, das sie mit allem versorgt, was sie brauchen.

Sie wohnen im Enkang, einer Siedlung, die aus 10 bis 20 flachen Hütten besteht. Diese werden aus Holz, Lehm und Kuhdung gebaut. Die Siedlung ist von einem Dornenwall, dem Kraal, umgeben. Im Enkang leben einige Familien, die sich zusammen um das Vieh kümmern. Die Massai ernähren sich von Ziegen- und Schaffleisch und von Blut, das den Rindern abgezapft und mit Milch vermischt wird. Man nennt es Saroi. Ihre Rinder schlachten die Massai nur zu besonderen Anlässen oder in Notzeiten. Immer öfter ernähren sich die Massai aber auch von Maisbrei (Ugali).

EA

Aufgabe 18: *Hier siehst du einige Bilder aus dem Leben der Massai. Notiere zu jedem Bild, was du siehst, was geschieht ... (Stichpunkte: Wasser holen, Enkang, Schule, Hütte erneuern, Feuer machen, Tierhaltung ...)*

1

2

3

4

5

6

KOHL VERLAG
Lernwerkstatt AFRIKA
Die Kontinente der Erde kennen lernen – Bestell-Nr. 11 746

5. Savannen

Kraal – Runddorf

Kraale nannte man früher die Runddörfer im Süden Afrikas. Sie waren meistens von einem Holz- oder Dornenwall umgeben. Im Kraal herrschte strenge Ordnung, der Vater war der Chef und hatte das Sagen. Seine Frauen mit ihren Kindern bewohnten jeweils ihre eigene Hütte, die meist um den Vieh-Kraal angeordnet waren. Mit im Kraal konnten auch weitere Verwandte leben, die aber auf das Familienoberhaupt hören mussten. Heute wohnen die Massai im Enkang, der aus 10 bis 20 flachen Hütten besteht. Der Enkang – das Dorf – ist meist von einem Kraal, einer Dornenhecke umgeben.

Aufgabe 19: *Ein afrikanisches Dorf bauen*

Ihr braucht:

- Strohhalme, Stroh, kleine Stöckchen, (Zweige), Blätter, Wellpappe, Papier, Pappe, Lehm, Sand, Erde
- Schere, Kleber (statt Kuhdung), Bleistift, eine große Pappe als Unterlage, ein Pappstreifen ca. 15 x 30–35 cm

So geht es:

- Stellt aus dem Material eine Wand her, etwa 15 cm hoch, 35 cm lang:
  - Zweige und Stroh nebeneinander legen, mit Pappe, Lehm, Blättern usw. zusammenkleben. Eine Tür freilassen und evtl. kleine Fenster ausschneiden, wenn alles gut trocken ist!
  - Nun die Wand verbinden, wiederum sind Pappe, Blätter und Kleber hilfreich.
  - Für das Dach faltet ihr aus dem Pappsteifen eine Tüte, die gut über eure Hütte passt. Klebt sie zusammen und gestaltet das Dach wiederum mit Stroh und Blättern. Alles gut verleimen und das Dach auf der Hütte festkleben.
  - Den Boden eurer Siedlung könnt ihr mit Sand und Erde bedecken. Vielleicht habt ihr noch ein paar Tiere, die dort stehen können.

Dithwai – ein Spiel aus Südafrika

Dieses Spiel wird draußen gespielt. 5–6 Kinder können mitmachen. Jeder Spieler baut sich aus Sand einen Kraal mit einer Seitenlänge von ca. 25 cm und einer Höhe von 3 cm. Jeder braucht 10 Kieselsteine bzw. verschiedene Holzperlen oder Murmeln.

Spielregel:

Jeder Spieler legt zehn Steine (Perlen, Murmeln) in seinen Kraal, die Rinder darstellen sollen. Der erste schaut sich seine Steine genau an und sagt zu den anderen: „Ich prüfe mein Vieh." Die anderen antworten: „Hast du es dir angesehen?" Dann hält der erste sich die Augen zu (oder dreht sich um). Die anderen nehmen sich jeder einen Stein aus seinem Kral und legen ihn in ihren eigenen. Der erste Spieler macht die Augen wieder auf und versucht seine Steine, die weggenommen wurden, wiederzuerkennen. Schafft er es, bekommt er sie zurück, sonst hat er sie verloren. Der nächste Spieler kommt an die Reihe. Wer die meisten Steine hat, ist Sieger.

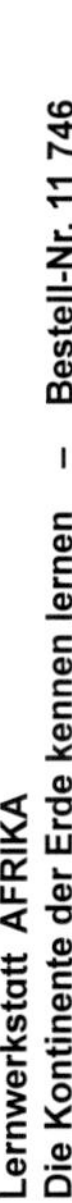

6. Der Regenwald

Der größte Teil Zentral- und Westafrikas ist von Regenwald bedeckt. Das Kongobecken ist das zweitgrößte Regenwaldgebiet der Erde. Hier ist es immer feucht und warm. Die Sonne steht mittags hoch am Himmel, fast senkrecht – im Zenit. Es gibt keine Jahreszeiten mit Frühling, Sommer, Herbst und Winter wie wir sie kennen.
Der Wetterbericht für den tropischen Regenwald lautet für jeden Tag im Jahr fast gleich: Nebelfelder lösen sich rasch am Morgen auf, gegen Mittag wird es heiß. Das verdunstende Wasser steigt als feucht-warme Luft nach oben und ballt sich zu Wolken zusammen. Am frühen Nachmittag wird es sehr schwül und die Wolken werden dichter. Am späten Nachmittag gibt es wolkenbruchartige Regenschauer mit Blitz und Donner. Gegen Abend können sich Nebelfelder bilden, die Nacht wird „frisch" mit Temperaturen um 21 °C.

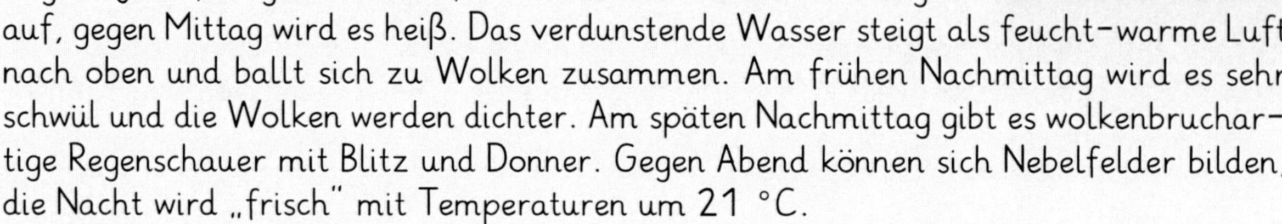

PA

Aufgabe 1: *Um den Kongo liegen die zweitgrößten Regenwaldgebiete unserer Welt. Wo liegen die größten? Forscht nach. Schreibe in dein Heft / in deinen Ordner.*

EA

Aufgabe 2: *Erstelle einen Wetterbericht für den Regenwald! Setze die passenden Bilder ein und beschreibe kurz.*

  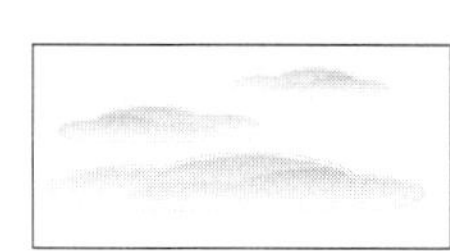   

Morgens	
Gegen Mittag	
Früher Nachmittag	
Später Nachmittag	
Abends	
Nachts	

EA

Aufgabe 3: *Mit „Regen" kann man viele zusammengesetzte Nomen (Hauptwörter) bilden. Schreibe sie in dein Heft oder auf die Rückseite des Blattes.*

-wasser • -wald • -zeit • -tropfen • -bogen • -schauer • -schirm • -rinne • -tag • -guss • -fall • -wetter • -wolke • -wurm • -jacke • -tonne

6. Der Regenwald

Stockwerkbau im Regenwald

Bäume bilden die Lebensgrundlage für viele Lebewesen im Regenwald. Doch es ist finster im Erdgeschoss des tropischen Waldes. Um der Dunkelheit auf dem Urwaldboden zu entgehen, müssen Tiere und Pflanzen in die oberen Stockwerke, wo die Sonne scheint. Für Tiere scheint dies einfach, sie klettern und krabbeln in die Baumkronen. Doch was machen die Pflanzen?

Farne brauchen meist wenig Licht. Im Regenwald findet man die größten Farne, die Baumfarne. Farne findet man ansonsten auf der ganzen Erde.

Kletterpflanzen nutzen Bäume als Leiter um zum Licht zu gelangen. Die bekanntesten Kletterer sind die Lianen. Sie wurzeln im Boden, klettern nach oben und können bis zu 300 Meter lang werden.

Aufsitzerpflanzen, die nicht wie die Lianen klettern können, haben sich etwas anderes ausgedacht, um einen Platz an der Sonne zu erreichen: Sie setzen sich auf andere Pflanzen drauf, meistens auf Bäume. Ihre Samen werden oft von Tieren in die Baumkronen gebracht. Aufsitzerpflanzen wachsen fast überall in den oberen Stockwerken des Regenwalds. Die bekanntesten sind Orchideen und Bromelien (Ananasgewächse).

Typisch für den tropischen Regenwald ist der so genannte **Stockwerkbau**.
So bauen sich die verschiedenen Etagen auf:

EA

<u>Aufgabe 4</u>: *Lies den Text und notiere die Nummer an der richtigen Stelle im Bild rechts.*

1. *Die Bodenschicht besteht aus den Wurzeln der Pflanzen und einer dünnen Erdschicht.*
2. *Die Krautschicht, in der Moose und Farne, die wenig Licht brauchen, wachsen.*
3. *Die Strauchschicht bis zur Höhe von etwa 5 m, zu der auch junge Bäume zählen.*
4. *Die Kronenschicht in ca. 40 m Höhe.*
5. *Die „Baumriesen", die vereinzelt bis in ca. 60 m Höhe über das Kronendach hinausragen.*

EA

<u>Aufgabe 5</u>:

Gestalte den Regenwald mit seinen verschiedenen Stockwerken fertig. Zeichne auf ein großes Blatt.

6. Der Regenwald

Leben im Regenwald

Das größte Ökosystem in Afrika ist der Regenwald. Etwa drei Viertel aller Tierarten leben im Regenwald, der um den Äquator liegt. Das gleichmäßige Klima ist für viele Tiergruppen der beste Lebensraum. Früchte reifen das ganze Jahr. Insekten schwirren ständig umher. Der Wald ist das Lebensgebiet von Einzelgängern oder kleineren Gruppen.
Typisch für den Regenwald sind:

- Fliegende Tiere (Fledermäuse, Vögel, Insekten),
- Klettertiere (Affen, Flughörnchen, Baumfrösche und Baumschlangen),
- Zwergformen (Zwergantilope, Zwergelefant, Waldgiraffe – Okapi)

Der größte Teil der Tiere im Regenwald sind aber Insekten wie Raupen, Ameisen und Käfer.

PA

Aufgabe 6: *Was gehört zu einem Ökosystem? Was ist das überhaupt? Schreibe in dein Heft / in deinen Ordner.*

PA

Aufgabe 7: *In der Regel fressen größere Tiere die kleineren, man spricht von einer Nahrungskette. Am Anfang dieser Nahrungskette stehen jedoch keine Tiere, sondern Pflanzen. Sie werden von Pflanzenfressern vertilgt und die Pflanzenfresser wiederum von Fleischfressern. Bringe die Bilder in die richtige Reihenfolge.*

				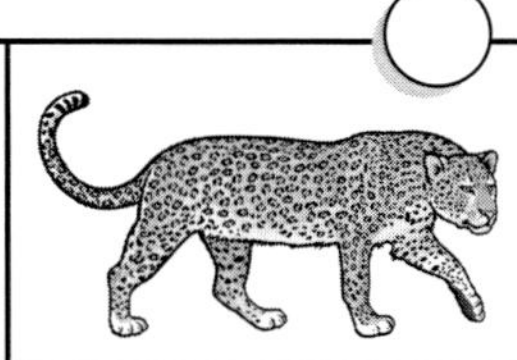

EA

Aufgabe 8: *Hier siehst du ein lustiges Tier. Es ist ein Okapi und lebt im Regenwald. An welche Tiere erinnert es dich? Was kannst du über das Tier erfahren? Schreibe in dein Heft / in deinen Ordner.*

EA

Aufgabe 9: *Bei uns wachsen Laub- und Nadelbäume. Palmen sind weder Nadel- noch Laubbäume. Sie bilden eine eigene Familie. Sie verzweigen sich nicht. Aus der Mitte wachsen die neuen Blätter, alte Blätter unten am Stamm werden abgeworfen.*

a) *Zeichne auf ein Blatt einen Laubbaum, einen Nadelbaum und eine Palme.*

b) *Warum werfen die Laubbäume bei uns im Herbst ihre Blätter ab und die Bäume im Regenwald nicht?*

Lernwerkstatt AFRIKA
Die Kontinente der Erde kennen lernen – Bestell-Nr. 11 746
KOHL VERLAG

6. Der Regenwald

Affen im Regenwald

Gorillas und Schimpansen leben im Regenwald in Afrika. Schimpansen bewohnen auch mal trockene Savannen, doch ihre kleinen Verwandten, die Bonobos (Zwergschimpansen), findet man nur im Regenwald. Gorillas und Schimpansen gehören, wie die Orang-Utans, zu den Menschenaffen. Orang-Utans leben nur noch in Südost-Asien auf den Inseln Sumatra und Borneo. Auf der Insel Madagaskar gibt es besonders viele Affenarten, die nur hier vorkommen. Man sagt: Diese Arten sind in Madagaskar endemisch. Alle Lemuren kommen fast nur auf dieser Insel vor. Davon gibt es etwa 100 verschiedene. Zwerg-Mausmakis sind die kleinsten Affen. Sie werden etwa 10 cm lang, dazu kommt ein Schwanz von etwa 13 cm. Die kleinen Tiere wiegen um die 30 g.

EA

Aufgabe 10: *Kennst du dich aus? Hier siehst du einen Gorilla, einen Schimpansen und einen Lemur. Wer ist wer? Beschrifte richtig!*

EA

Aufgabe 11: *Affen können auf zwei oder vier Beinen gehen, klettern, springen, schwingen, sich von Ast zu Ast hangeln. Bilde mit jedem Begriff einen Satz. Schreibe in dein Heft / in deinen Ordner.*

GA

Aufgabe 12: ***Eine Affenbande basteln***

Ihr braucht:
- Tonkarton in braun und beige, Stift, Schere, Kleber

So geht es:
- Jeder Affe hat einen Kopf, Bauch, zwei Arme und zwei Beine sowie einen Schwanz.
- Die Schablonen auf den braunen Tonkarton zeichnen und ausschneiden. Das Gesicht aus dem beigen Karton schneiden.
- Die Affen zusammenkleben und das Gesicht aufmalen. Wenn ihr Arme, Beine und Schwanz in verschiedenen Stellungen anklebt, ergeben sich verschiedene Affen.
- Aus Transparentpapier oder Seidenpapier in verschiedenen Grüntönen lassen sich wunderbare Blattgirlanden basteln: Blätter frei ausschneiden, mehrere zusammenfassen und bündelweise an einer Kordel verknoten. Daran könnt ihr die Affen aufhängen.

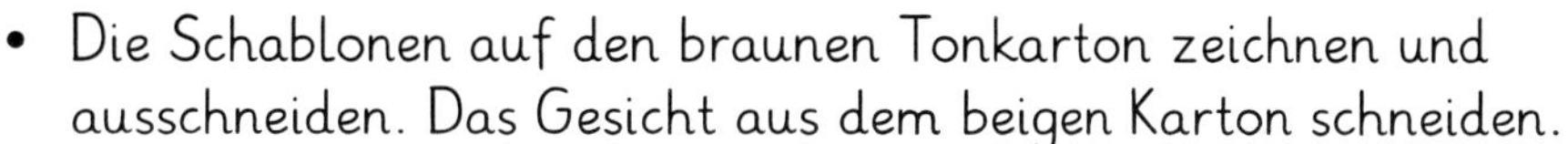

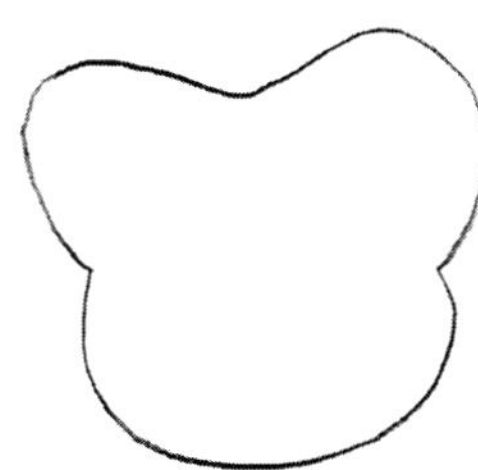

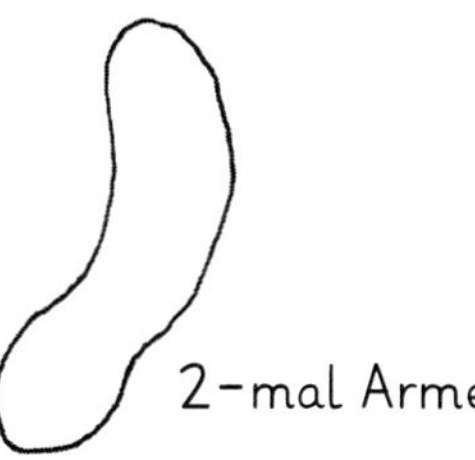

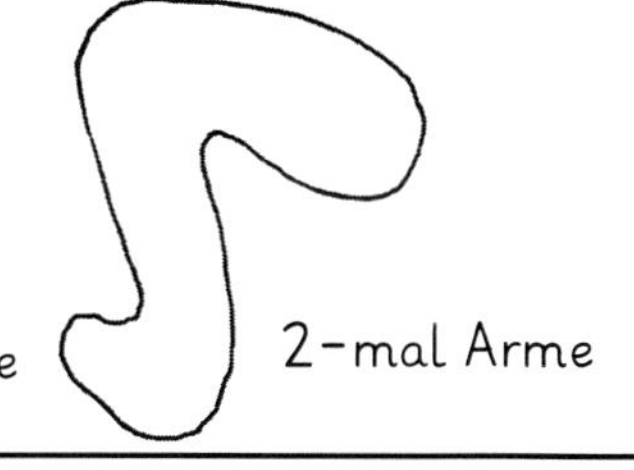

6. Der Regenwald

Die Kokospalme

Kokospalmen wachsen überall in den Tropen. Auch Sand, Sturm, Hitze und Sonnenstrahlung machen ihnen und ihren großen Samen, den Kokosnüssen, nichts aus. Die Palme wächst besonders gut an Küsten und Flussmündungen.
Eine Kokospalme wird bis zu 30 m hoch und hat stets 20 bis 30 Blätter. Diese sind 5 – 7 Meter lang. Die Kokospalme verzweigt sich nicht und hat auch keine Äste. Von einer Palme kann man pro Jahr etwa 50 – 100 Nüsse ernten.
Die Palme bildet oben jeden Monat ein neues Blatt. Die unteren, älteren Blätter werden abgeworfen. So wird die Palme immer höher. Kokospalmen können über 100 Jahre alt werden. Nach 30 Jahren werden sie aber für das Pflücken zu hoch.
Die Blätter der Palme dienen als Dach oder Wandteile. Man fertigt aus ihnen Besen, Bürsten, Matten und Körbe. Der Stamm ist aus hartem Holz. Er eignet sich für Möbel und als Bauholz. Die Fasern an der Kokosnuss werden zu Seilen und Fischernetzen verarbeitet. Man nutzt sie auch als Füllung für Matratzen oder als Teppiche und Fußmatten. Aus den Schalen werden Trinkgefäße hergestellt oder sie werden als Brennmaterial genutzt.
Die Menschen nutzen auch die Blütenstände. Schneidet man sie an, tropft ein süßer Saft heraus, den man zu Palmzucker eindicken kann. Er schmeckt nach Karamell. Aus dem Kokoswasser (auch Kokosmilch genannt) entwickelt sich das weiße Kokosfleisch, die Kopra. Daraus macht man Kokosmilch, Kokosöl, Kokosflocken und Chips.

Aufgabe 13: *Die Menschen in den Tropen nutzen Kokospalmen für viele Zwecke. Berichtet in der Klasse.*

Wir backen Kokoskekse

Ihr braucht:
- 100 g Butter, 150 g Zucker, 1 Päckchen Vanillezucker, 1 Ei, 125 g Mehl, 1 TL Backpulver, 1 Prise Salz, 150 g Kokosraspel

So geht es:
- Butter, Zucker und den Vanillezucker schaumig rühren. Das Ei dazugeben und kräftig rühren, bis sich der Zucker gelöst hat. Mehl, Backpulver und Salz mischen, löffelweise unter die Zucker-Ei-Masse rühren. Die Kokosraspeln untermischen. Ein Backblech mit Backpapier auslegen. Kleine Kugeln (2 cm im Durchmesser) formen, in großem Abstand (8 cm) auf das Backblech legen. Im Ofen bei 175 °C etwa 8 – 10 min backen.

Kokos-Ananas-Drink – ein leckeres Getränk für heiße Tage!

Ihr braucht:
- Eine Dose Kokosmilch, 1 Liter Ananassaft, ½ Liter Milch oder Sahne, ½ Liter Mineralwasser, Crush Eis oder Eiswürfel

So geht es:
- Kokosmilch evtl. leicht erwärmen, bis sie gleichmäßig cremig ist. Dann mit den anderen Flüssigkeiten gut mischen. Eis in ein Glas geben, den Drink einschütten und genießen!

6. Der Regenwald

Menschen im Regenwald

In den Regenwäldern leben nicht nur Tiere, sondern auch Menschen. Meist sind das eingeborenen Völker, die größtenteils vom Wald und seinen Erträgen leben können. Sie sind Jäger und Sammler, bauen aber auch Obst und Gemüse an.

Die Pygmäen selbst nennen sich „Feuermenschen". Denn sie lassen nie das Feuer verlöschen. Sie glauben, dass Feuer die bösen Geister des Waldes fernhält. Ihr Leben wird bestimmt von den Gesetzen des Regenwaldes. Sie wissen sehr viel über Pflanzen und Heilkräuter. Die Pygmäen haben eine Körpergröße von etwa 1,50 m. Sie sind Nomaden des Waldes, leben davon, Antilopen, Schweine und Affen zu jagen. Außerdem fischen sie, sammeln Honig, wilde Süßkartoffeln, Beeren und andere Pflanzen. Der Regenwald ist für Pygmäen ein freundlicher Gott, der für alle lebensnotwendigen Dinge sorgt.
Sie haben Beziehungen mit benachbarten Bauern, arbeiten für sie oder tauschen mit ihnen Waldprodukte für Feldfrüchte und andere Güter. Im Idealfall verlaufen solche Geschäfte fair, doch das ist nicht immer der Fall. Pygmäen-Völker sind vor allem von der Abholzung des Regenwaldes und der Vertreibung aus ihrem Lebensraum betroffen. Da sie von vielen Regierungen nicht als gleichwertige Staatsbürger anerkannt werden, werden ihre Menschenrechte oft missachtet.

Als die ersten Europäer das südliche Afrika erreichten, bewohnten **die Bantu** ein großes Gebiet. Überall, wo sie hinzogen, mischten sie sich mit den dort lebenden Menschen und bildeten neue Gruppen.
Die Bantu nennen sich einfach „die Menschen". Ihr Zeichen ist der Baum des Lebens, ein friedliches Symbol. Sie betrachten den Baum als Zeichen für den ersten Vater der Menschheit. Der Haushalt, auch Kraal genannt, besteht aus Mann, Frau oder Frauen, den Kindern sowie Verwandten. Der Mann ist das Oberhaupt des Haushaltes und darf mehrere Frauen haben. Er hat das Sagen in der Familie. Der erstgeborene Sohn wird der Nachfolger seines Vaters als Oberhaupt der Familie. Die Bantus sind Hirten, Bauern und Jäger. Dabei sind meist die Frauen für den Ackerbau und die Männer für Vieh und die Jagd verantwortlich. Die Hauptnahrungsmittel sind also Fleisch, Mais und Gemüse, Kuh- und Ziegenmilch. Noch heute bilden die Bantu die Mehrheit der Völker im südlichen Afrika.

EA

Aufgabe 14: *Wie nennen sich die Pygmäen? Was ist besonderes an ihnen? Schreibe in dein Heft / in deinen Ordner.*

EA

Aufgabe 15: *Wie nennen sich die Bantu? Was ist ihr Symbol (Zeichen)? Schreibe in dein Heft / in deinen Ordner.*

PA

Aufgabe 16: *Einer der bekanntesten Nachfahren eines Bantuvolkes war der Südafrikaner Nelson Mandela. Was könnt ihr über ihn herausfinden?* Schreibe in dein Heft / in deinen Ordner.

Lernwerkstatt AFRIKA
Die Kontinente der Erde kennen lernen – Bestell-Nr. 11 746

6. Der Regenwald

Die Nutzung des Regenwaldes

Die Regenwälder sind mit das wichtigste, was unsere Erde besitzt: Sie liefern uns eine Menge Sauerstoff zum Atmen. Leider gibt es viele Leute, die den Regenwald zerstören. Sie wollen das Holz oder die Bodenschätze, die unter der Erde liegen.

Tropenholz
Wenn wir von der Nutzung des Regenwaldes hören, denken wir zuerst an die Abholzung des Waldes. Jedes Jahr werden nach Schätzungen weltweit Flächen des tropischen Regenwaldes zerstört, die halb so groß sind wie ganz Deutschland. (Quelle: WWF)

Plantagen
Große Flächen werden durch Brandrodung nutzbar gemacht. Dadurch werden Bäume und Pflanzen zerstört. Doch die Asche düngt den Boden. Mit Dünger lässt sich der Boden nun einige Jahre nutzen. Aber dann ist er ausgelaugt und wird nicht mehr bewirtschaftet. Durch den Regen wird die dünne Humus-Erdschicht weggespült.

Bodenschätze
Im Regenwald werden auch Bodenschätze abgebaut. Dadurch wird ebenfalls die Vegetation zerstört, weil man giftige Mittel und schwere Maschinen und Fahrzeuge einsetzt.

Kleinbauern
In weitem Umkreis um kleine Dörfer herum werden alle paar Jahre neue Flächen im Regenwald abgebrannt. Die Asche düngt den Boden, wodurch er für Nutzpflanzen (tropische Früchte, Hirse, Maniok, Erdnüsse, Kakao, Kaffee) geeignet ist. Die Menschen bauen nur das an, was sie zum Leben brauchen.

Aufgabe 17: *Schreibe in dein Heft / in deinen Ordner.*

a) *Warum schaden die Kleinbauern dem Regenwald viel weniger als große Plantagen?*

b) *Warum schaden z. B. Palmplantagen dem Regenwald? Das sind doch auch Pflanzen, die angebaut werden! Überlegt und erklärt.*

Aufgabe 18: *Notiert in einem großen Cluster an der Tafel, was ihr alles über den tropischen Regenwald erfahren habt. Bestimmt findet ihr auch noch weitere Informationen und Bilder.*

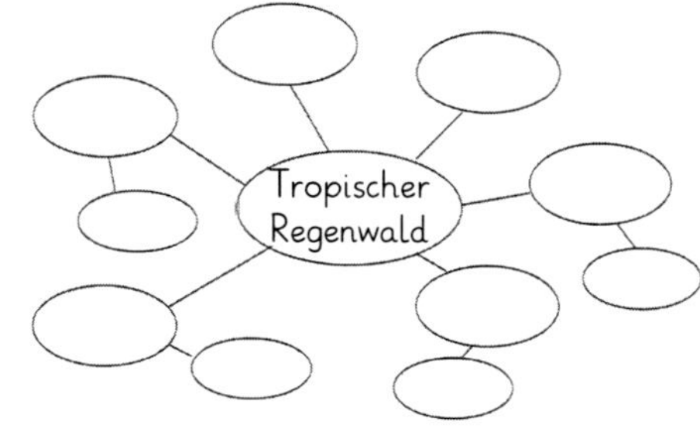

KOHL VERLAG
Lernwerkstatt AFRIKA
Die Kontinente der Erde kennen lernen – Bestell-Nr. 11 746

6. Der Regenwald

Eine Reise nach Tansania

Tansania liegt im Osten Afrikas. Auf einer Reise kann man dort auf mehrere Rekorde treffen: Der größte See Afrikas, der Viktoriasee, liegt im Grenzgebiet von Tansania, Kenia und Uganda. Auch der tiefste See Afrikas, der Tanganjika-See, liegt zum großen Teil in Tansania. Der höchste Berg Afrikas, der Kilimandscharo, befindet sich ebenfalls in Tansania. Die Insel Sansibar gehört zum Land, genau wie die Massai-Savanne (Serengeti). Der Tourismus spielt eine immer größere Rolle im Land.

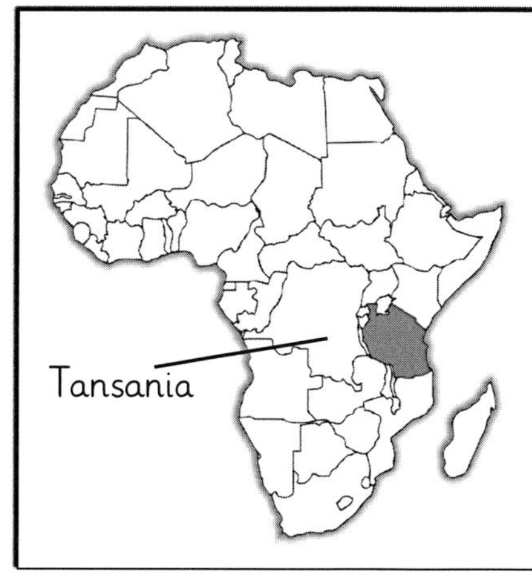

Aufgabe 19: *Geht auf „Expedition" und sucht alles zusammen, was ihr zu Tansania finden könnt. Aus dem gefundenen Material könnt ihr eine Kollage basteln und im Schulflur aufhängen. Ihr braucht: Pappe, Schere, Klebstoff, Material über Tansania, z.B. Fotos, Bilder und Texte aus Zeitungen, Zeitschriften, Reiseprospekten, kleinen Interviews; Stoffe, typische Lebensmittel …*

Aufgabe 20:

In Tansania spricht man Swahili, auch Suaheli oder Kisuaheli genannt. Hier findet ihr einige Worte. Versucht, euch zu begrüßen und vorzustellen.

Hallo!	jambo! (oder auch habari)
Guten Tag	habari ya siku
Tschüss	baadaye
Auf Wiedersehen	kwa heri
Ja	ndio
Nein	hapana
Danke	asante
Bitte	karibu
Entschuldigung	samahani
Ich heiße	ninaitwa
Wie heißt du?	jina lako nani?

Eine Duftreise zur Gewürzinsel Sansibar

Ihr braucht:
- 6 kleine, saubere, gleiche und undurchsichtige Joghurtbecher, Alufolie, 6 Gummiringe, einen Filzstift zum Beschriften der Becher, die Gewürze Zimt, Nelken, Vanille, Muskat, Chili und Pfeffer.

So geht es:
- Die Joghurtbecher mit je einem der Gewürze füllen, Alufolie drüber decken und mit dem Gummiring befestigen. Die Gewürze nummerieren und die Zahlen unter dem Becher notieren. In die Folie vorsichtig ein paar Löcher pieken.

Riechtest:
- Nun schnuppert ihr der Reihe nach an den verschiedenen Düften. Schreibt auf, welche Zahl zu welchem Gewürz gehört. Vergleicht, wenn alle geschnuppert haben. Wer hat die beste Nase und kennt sich aus? Welches Gewürz roch am besten für euch?

7. Die Wüsten im Süden

Die Kalahari

Die Kalahari ist eine Wüste aus feinem, rotem Sand im Land Botswana. Große Teile sind Naturschutzgebiete, wie z. B. das berühmte Okavango-Flussdelta.
Normalerweise fließt jeder Fluss Richtung Meer, und das Delta ist die verzweigte Mündung ins Meer. Der Okavango aber fließt landeinwärts. Er verzweigt sich in viele Flussarme und bildet ein riesiges Gebiet, in dem viele Tiere und Pflanzen leben. Dann aber sitzt der Okavango in der Falle: Aus dem Becken, in dem das Delta liegt, kommt er nicht mehr heraus. Das Wasser versickert in der Kalahari.

Je nach Jahreszeit finden sich hier riesige Tierherden aller Arten ein. Es erscheinen Elefanten, Büffel, Krokodile, Leoparden, Löwen, Geparden, Giraffen, Nashörner, Antilopen, Wildhunde und viele Vogelarten am Wasser.
Der größte Teil der Kalahari aber wird von verschiedenen Gräsern und Akazien-Bäumen bestimmt.
Seit Ende der 90er Jahre führt der Trans-Kalahari-Highway durch die Wüste. Die Straße ist ein wichtiger Handels- und Transportweg vom Indischen Ozean in Mosambik bis zum Atlantik in Namibia.

Die Erdmännchen in der Kalahari
Neugierig sind die Erdmännchen. Sie sind sehr flinke Jäger. Ihre Nahrung besteht meist aus Insekten, hin und wieder fressen sie Eidechsen, Vögel oder Eier. Einsamkeit mögen die Wüstentiere nicht, sie leben in Gruppen bis zu 30 Tieren und halten fest zusammen. Während die Gruppe nach Nahrung sucht oder einen Bau gräbt, ist ein Erdmännchen für die Beobachtung von Feinden zuständig. Droht Gefahr, etwa von Greifvögeln oder Schakalen, stößt es zur Warnung ein Knurren oder Bellen aus. Sofort verschwinden alle flink in ihren Höhlen. Erdmännchen werden 25–30 cm lang, der Schwanz misst nochmal etwa 20 cm. Sie wiegen 600 bis 1000 g. Einmal im Jahr bekommen sie 2–5 Junge.

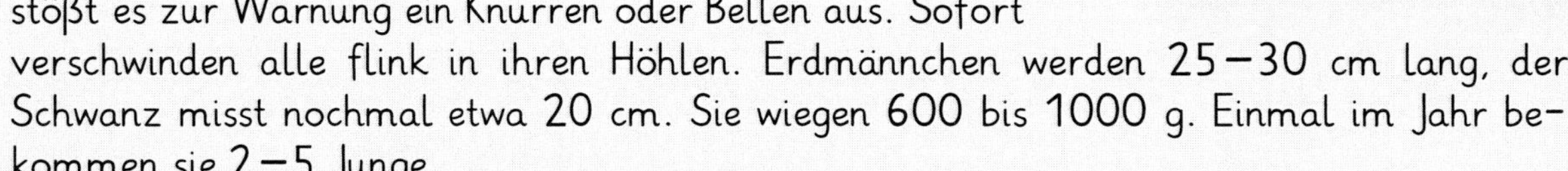

EA

Aufgabe 1: *Schreibe in dein Heft / in deinen Ordner.*
a) *Erkläre, was am Okawango-Delta besonders ist.*
b) *Welche Tiere treffen sich im Okawango-Delta?*

EA

Aufgabe 2: *Fülle den Steckbrief für die Erdmännchen aus.*

Steckbrief Erdmännchen

Größe: ____________
Gewicht: ____________
Nahrung: ____________
Feinde: ____________
Junge: ____________
Verhalten: ____________
Besonderes: ____________

Lernwerkstatt AFRIKA
Die Kontinente der Erde kennen lernen – Bestell-Nr. 11 746
KOHL VERLAG

7. Die Wüsten im Süden

Die Namib

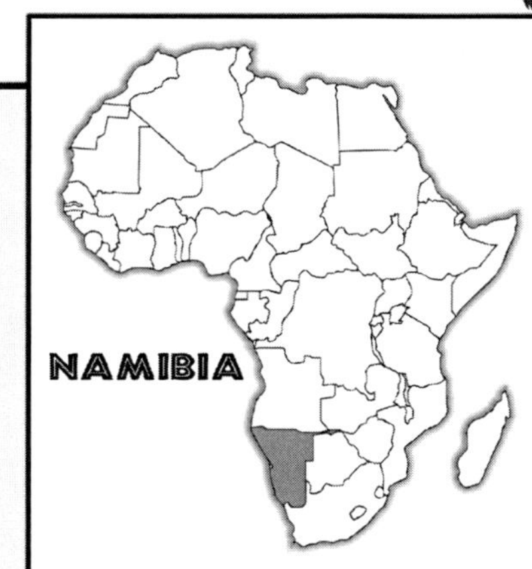

Die Namib-Wüste im Südwesten Afrikas ist die älteste Wüste der Welt. „Namib" heißt übersetzt: „Leerer Platz". Ein passender Name, denn in weiten Teilen der Namib wächst gar nichts.

Die Wüste ist bekannt für ihre riesigen Sanddünen. Starker Wind häuft bis zu 300 m hohe Dünen auf. Sonne und Wind sind normal für Wüsten – in der Namib ist das Wetter aber manchmal ganz anders. Dann liegt dicker Nebel über der Landschaft: Die Namib ist eine Nebelwüste. Sie liegt an der Atlantikküste. Dort wird die kühle Meeresluft über die Wüste getragen, wo es bis zu 60 Grad heiß ist. Deshalb kondensiert das kalte Wasser und es bildet sich Nebel. Dieser Nebel ist für die Pflanzen und Tiere in der Namib wichtig: Nur durch die Feuchtigkeit in der Luft können sie in der Wüste überleben. Die Pflanze **Welwitschia** z. B. zieht das Wasser aus der Luft und speichert es in ihrer Wurzel. Über Millionen Jahre haben die Wüstenbewohner sich so den schwierigen Lebensbedingungen angepasst.

Der Schwarzkäfer in der Wüste Namib

Eine tolle Taktik hat der Schwarzkäfer entwickelt. Sein Rücken ist mit vielen kleinen Pickeln besetzt. Dazwischen findet man kleine Kuhlen. Wenn der Schwarzkäfer Durst hat, macht er einen Kopfstand und wartet, bis der Nebel sich an seinem Panzer niederschlägt und die Tropfen in seinen Mund rinnen. Der Käfer wird daher auch Nebeltrinker-Käfer genannt.

Seebären und Puinguine

An der Küste Namibias fließt der Benguelastrom, ein kalter Meeresstrom von der Antarktis. Er ist sehr fischreich, und so leben hier auch unzählige südafrikanische Seebären, die ihre Jungen zur Welt bringen. Und tatsächlich leben hier in Afrika auch Pinguine!

EA

Aufgabe 3: *Schreibe die Merkmale der beiden Wüsten in die Tabelle. Lies dazu die Texte noch einmal durch.*

	Kalahari	Namib
Lage / Land		
Boden		
besondere Tiere		
Pflanzen		
Besonderes		

Lernwerkstatt AFRIKA
Die Kontinente der Erde kennen lernen – Bestell-Nr. 11 746
KOHL VERLAG

7. Die Wüsten im Süden

Die San oder Buschmenschen

Die San oder Buschmenschen sind vermutlich das älteste Volk der Erde. Seit mehr als 25.000 Jahren durchstreifen die Jäger und Sammler die Savannen in Afrika. Sie benutzen keine Waffen, sondern jagen wie ihre Vorfahren mit Pfeil und Bogen.

Von einwandernden Völkern und europäischen Siedlern wurden sie in die Kalahari Wüste gedrängt. Die Buschmenschen haben sich dieser Umgebung angepasst. Ihr Leben ist hart, doch die Gemeinschaft hält zusammen. Die San leben in Gruppen von 10 bis 35 Mitgliedern. Sie übernachten in einfachen Hütten, die sie aus Zweigen, Blättern und Gras bauen. Mehr brauchen sie nicht, denn sie bleiben nie lange an einem Ort. Es herrscht eine klare Arbeitsteilung. Die Männer jagen und beschaffen Wasser. Sie sind ausgezeichnete Spurenleser, die Tiere führen sie zu den Wasserstellen. Die Frauen sammeln Früchte, Beeren und Wurzeln, oder fischen. Sie kennen viele Pflanzen und wissen, welche essbar oder giftig sind und welche eine Heilkraft besitzen. Auf den Tisch kommen auch Termiten, Heuschrecken, Schlangen, Eidechsen und anderes Kleingetier. Die Buschmenschen achten darauf, dass sie nie mehr von der Natur nehmen als sie benötigen.

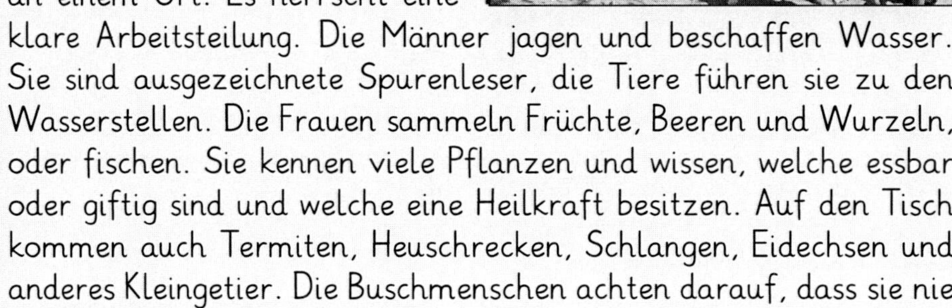

Heute haben viele Buschmenschen ihr Nomadendasein aufgegeben und sind sesshaft geworden. Einige arbeiten auf Farmen oder als Fährtenleser. Die meisten haben keine Arbeit. Doch dieses Leben bietet den San keinen Ersatz für die Freiheit, die sie früher gewohnt waren. Deshalb kämpfen einige San um ihr Daseinsrecht als Nomaden und ihre einstigen Jagdgebiete in der Kalahari.

EA

Aufgabe 4: *Schreibe in dein Heft / in deinen Ordner.*

a) *Beschreibe die Kalahari. Was ist das für eine Landschaft? Wo liegt sie?*

b) *Welche Aufgaben haben die Männer, welche die Frauen bei den Buschmenschen?*

c) *Woraus bauen die San ihre Hütten?*

d) *Die Buschmänner früher und heute: Wie veränderte sich das Leben? Nenne Stichpunkte.*

früher	heute

GA

Aufgabe 5: *Welches Leben ist / war für die San wohl besser? Sprecht in der Klasse darüber.*

8. Musik, Tanz und Kunst

Wir bauen Musikinstrumente

In Afrika gehören Musik, Tanz und Gesang unbedingt zusammen. Manche Tänze dienen der Unterhaltung – andere besitzen eine tiefere Bedeutung. So unterscheidet man Kriegstänze, Fruchtbarkeitstänze, Begrüßungstänze und Tänze zur Anrufung von Geistern oder Gottheiten. Dabei können Instrumente Geister herbeirufen oder sogar die Stimme eines Ahnen oder eines Gottes darstellen.
Man verbindet mit afrikanischer Musik meistens Trommeln. Jedoch gibt es in Afrika viele Instrumente wie Rasseln, Saiteninstrumente, Blasinstrumente ... eine Trommel findet sich aber in fast jedem Haushalt.

EA

Aufgabe 1: ***Wir bauen eine Trommel***
Eine Trommel besteht aus Holz und einem darüber gespannten Fell.
Wir bringen auch einen Blumentopf mit Butterbrotpapier zum Klingen!

Du brauchst:
- einen Blumentopf, ca. 20 cm Durchmesser, ein Nudelholz, eine Rolle Butterbrotpapier, einen Teller ca. 30 cm als Schablone, Tapetenkleister, Pinsel und Farbe, Schere und Stift, Schnüre, Bast oder Bänder, dicke Paketschnur, Perlen, eine Plastiktüte als Unterlage, evtl. Federn aus dem Bastelgeschäft

So geht es:

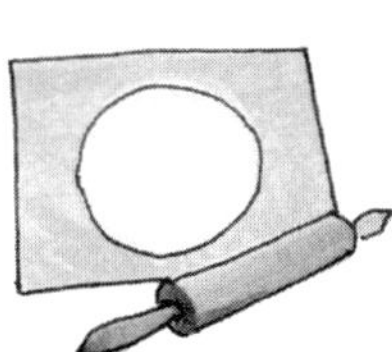

- Zeichne mit deinem Blumentopf 5 – 10 Kreise auf das Butterbrotpapier.
- Schneide die Kreise aus.
- Lege eine Plastiktüte als Unterlage auf den Tisch.
- Streiche sie mit Kleister ein und lege den ersten Kreis darauf.
- Streiche diesen wieder mit Kleister ein und lege den 2. Kreis darauf.
- So verklebst du alle Kreise.
- Rolle mit dem Nudelholz jede Schicht glatt. So drückst du Kleisterreste und Luftblasen heraus.
- Nun streichst du den Rand des Blumentopfes mit Kleister ein und ziehst dann das „Trommelfell" auf. Es muss fest gespannt und gut angedrückt werden.
- Binde nun eine dicke Schnur darum und lasse das Ganze einige Stunden trocknen.
- Jetzt kannst du deine Trommel bemalen.
- Aus Bändern und Perlen eine Schnur flechten oder drehen.
- Wenn die Farbe trocken ist, bindest du das Band fest und steckst evtl. noch ein paar Federn darunter.

Und nun: Trommeln ... mit den Händen oder mit dem Trommelstock:
Dafür braucht man eine Stricknadel und eine hölzerne Perle, die mit „Alleskleber" an der Nadel befestigt wird.

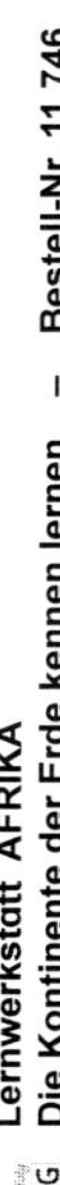

8. Musik, Tanz und Kunst

EA

Aufgabe 2: ***Wir bauen eine Rassel***

Du brauchst:
- eine alte Glühbirne
- alte Zeitungen oder einen Eierkarton
- Kleister
- buntes Papier für die letzte Schicht

So geht es:
- Papier oder Pappe in kleine Stückchen reißen.
- Die Schnipsel mit Kleister und Wasser vermischen, quellen lassen.
- Die Glühbirne rundherum mit Pappbrei (aus Papierschnipsel und Kleister) und zum Schluss mit dem bunten Papier umwickeln und trocknen lassen.
- Wenn das Papier trocken und ganz hart geworden ist, die Birne auf den Boden werfen. Die Glühbirne zerbricht und die Rassel ist fertig.

EA

Aufgabe 3: ***Wir bauen eine Röhrenrassel***

Du brauchst:
- Papprolle von Küchenkrepp oder Ähnliches
- Pergamentpapier, z. B. Butterbrotpapier
- Alleskleber, Schere, Bleistift, Deckfarben
- Garn zum Drehen von Schnüren; Glöckchen und Schellen
- Füllmaterial, z. B. Mais, Reis, Bohnen, aber auch Kieselsteinchen

So geht es:
- Die Pappröhre auf doppelt gelegtes Pergamentpapier stellen und den Umriss nachzeichnen.
- Im Abstand von 3 cm einen Außenkreis zeichnen und diesen ausschneiden. Rundherum Zacken bis zur inneren Linie einschneiden.
- Beide Papierscheiben auf eine der offenen Röhrenseiten aufkleben.
- Für die Klangversuche das Material (Mais, Steinchen …) in die Röhre füllen, schütteln, hören und das Material so lange austauschen, bis dir der Klang gefällt.
- Tipp: Verschiedene Materialien testen, nicht zu viel davon verwenden.
- Das zweite Röhrenende mit Pergamentpapier schließen.
- Die Röhre mit den Deckfarben anmalen.
- evtl. Glöckchen oder Schellen mit einer selbst gedrehten Schnur anbringen

Becherrassel:
- Joghurtbecher oder Konservendose mit Reis, Linsen, Erbsen, Perlen, o. Ä. füllen. Mit einem Stück Pappe oder fester Folie (Chipstüte) zukleben.

Regenrohr:
- In ein Papprohr (Küchenrolle oder Versandrolle) werden Nägel spiralförmig geschlagen und das Rohr dann mit Erbsen, Bohnen oder Reis gefüllt. Zukleben und zum Regenmachen das Rohr langsam oder schnell wenden.

Klanghölzer:
- Einen Besenstiel in 15 cm – 20 cm lange Stücke sägen, mit Schmirgelpapier (erst grobes, dann feines) bearbeiten, bis sie schön glatt und sauber sind. Dann kann man sie bemalen.

8. Musik, Tanz und Kunst

Tänze und Bewegungspiel

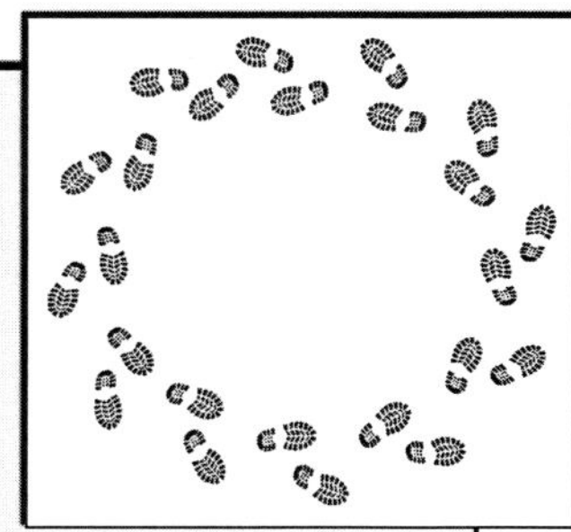

Kreistanz

Ein Teil der Gruppe stellt sich zum Tanz auf. Der andere Teil der Gruppe setzt sich an den Rand und schlägt einen Rhythmus, z. B. durch Klatschen, Trommeln, Rasseln, Klanghölzer. Alle Tänzer stellen sich seitlich im Kreis auf, sodass sie auf den Rücken der Person schauen, die vor ihnen steht. Die Arme werden angewinkelt.

Zuerst wird das rechte Bein einen Schritt vorgesetzt, und von der Ferse zu den Zehen abgerollt. Das Gleiche mit dem linken Fuß, dann wieder der rechte Fuß usw.. Auf ein Zeichen wird das Gleiche rückwärts getanzt.

Sterntanz

Auch hier stellt sich ein Teil der Gruppe zum Tanz auf.
Der andere Teil (3 – 4 Schüler) sorgt für den Rhythmus.

Die Tänzer stehen im Kreis, die Gesichter einander zugewandt.

1. mit dem linken Fuß einen Schritt vorwärts stampfen, die Trommel erklingt einmal kräftig
2. verharren, 2, 3, 4, erklingen Rasseln
3. mit dem rechten Fuß einen Schritt vorwärts stampfen, die Trommel erklingt einmal kräftig
4. verharren, 2, 3, 4, erklingen Rasseln

Schritt 1 – 4 wiederholen.

Nachdem sich die Tänzer nun 2 Schritte aufeinander zu bewegt haben, wird das Ganze rückwärts getanzt.

Löwenfalle – ein Bewegungsspiel

Zwei Schüler schlagen auf der Trommel den Takt des Liedes (Text s. u., Melodie frei). Die anderen Kinder bilden einen großen Kreis und gehen herum. Zwei (zuvor bestimmte) Spieler bilden eine „Brücke" oder eine „Falle", durch die die anderen ziehen müssen.

Alle gehen im Takt. Dazu wird gesungen: Antilope und Gazelle sind ja immer ganz schön schnelle, doch der Löwe heute, der macht fette Beute.

Bei der letzten Silbe klappt die „Falle" zu, und ein Kind ist gefangen und muss kurzzeitig ausscheiden. Die anderen gehen weiter im Kreis und singen ihr Lied im Rhythmus. Nachdem auch das zweite Kind gefangen ist, bilden die beiden eine weitere „Falle" und so geht es weiter, bis nur noch zwei Spieler übrig sind.

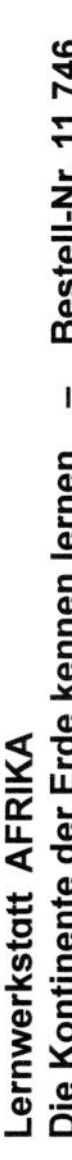

8. Musik, Tanz und Kunst

Kunst

Die afrikanischen Völker sind sehr mit der Erde verbunden. So zeigen ihre Bilder auch Farben, die aus Erde und Mineralien entstanden sind: Man nennt sie Erdfarben. Früher wurden sie durch Zerkleinern und Mahlen zwischen Steinen hergestellt. Die Menschen haben rote, gelbe und braune Erde zwischen Steinen fein gemahlen und mit Wasser oder Öl vermischt.

PA

Aufgabe 4: ***Erdfarben herstellen***

Du brauchst:
- Sand und Erde in verschiedenen Farben
- Stückchen von rotem Ziegelstein
- Mörser und ein feines Sieb
- mit Wasser angerührter Tapetenkleister
- Pinsel, Zeichenblock oder Pappe
- Gläser mit Schraubdeckeln

So geht es:
- Trocknet Sand und Erde getrennt auf Zeitungspapier.
- Schüttet sie dann durch ein Sieb.
- Die Ziegelsteinteile könnt ihr im Mörser zerkleinern und dann auch sieben.
- Füllt für jede Farbe ein Deckelglas ca. zu einem Viertel mit den Pulvern.
- Gebt Wasser dazu und verrührt das Ganze zu einem flüssigen Brei.
- Nun fügt ihr noch 2 – 3 Esslöffel Tapetenkleister hinzu.
- Hebt die Farben in den verschlossenen Gläsern auf

GA

Aufgabe 5: *Nun könnt ihr mit diesen Farben auf Pappe oder einem großen Blatt verschiedene Landschaften Afrikas gestalten. In diese Vorlagen könnt ihr noch Menschen, Tiere oder weitere Pflanzen einfügen.*

GA

Aufgabe 6:

Die Menschen früher haben in vielen Höhlen ihre Handabdrücke hinterlassen. Ihr könnt nun einen Freundschaftsbaum für die Klasse gestalten.
Ihr braucht eine große weiße Pappe (Fotokarton) und eure Farben. Zeichnet einen Baumstamm mit ein paar Ästen und Zweigen auf. Jeder färbt dann eine Hand mit Farbe an und drückt sie dann an den Baum, wie Blätter.

Lernwerkstatt AFRIKA
Die Kontinente der Erde kennen lernen – Bestell-Nr. 11 746

8. Musik, Tanz und Kunst

Afrikanische Masken

Jeder Stamm in Afrika hat seine eigenen Masken für verschiedene Gelegenheiten. In erster Linie werden die Masken zur Beschwörung von Geistern verwendet. Sie dienen aber auch zum Schutz vor diesen Geistern. Sie werden bei traditionellen Tänzen benutzt. Sehr viele Völker benutzen zur Bemalung drei Farben: Schwarz, Weiß und Rot. Weiß deutet auf die Ahnen, Geister, Trauer und Tod hin. Rot bedeutet Leben, Blut und Frau. Schwarz steht für Leid und dunkle Mächte. Viele Masken werden bemalt oder mit anderen Materialien verziert.

EA

Aufgabe 7: ***Eine afrikanische Maske basteln***

Du brauchst:
- weiße flache Pappteller oder Pappe, etwa DIN A4
- Schere, Bleistift, Radierer, Pinsel, Wasserglas
- Malfarben (Wachsmalkreide, Deckfarben)
- dünnes Gummiband
- nach Wunsch Federn, Perlen und Bänder

So geht es:
- Auf dem Pappteller (der Pappe) Augen, Nase und Mund aufzeichnen
- Gesicht ausschneiden, für die Nase genügt ein Dreieck, das dann nach außen geklappt wird.
- Nun wird die Maske angemalt, trocknen lassen.
- rechts und links in Ohrenhöhe ein kleines Loch stechen. Dort ziehst du das vorher am Kopf abgemessene Gummiband durch und verknotet es.
- Nun kann die Maske mit Bändern, Federn und Perlen verziert werden.

Hier findet ihr einige Vorlagen und Ideen:

KOHL VERLAG Lernwerkstatt AFRIKA
Die Kontinente der Erde kennen lernen – Bestell-Nr. 11 746

9. Landwirtschaft in Afrika

In Afrika herrscht ein anderes Klima als bei uns. Es ist viel wärmer. So wachsen dort auch andere Nahrungsmittel und Gewächse als bei uns. Zum Beispiel Kaffee, Tee, Kakao, Baumwolle und Zuckerrohr gedeihen bei uns nicht. Dafür gibt es hier Zuckerrüben und Kohl.

EA **Aufgabe 1:** *Was wächst in Afrika, aber nicht bei uns? Male die Kärtchen rot an.*

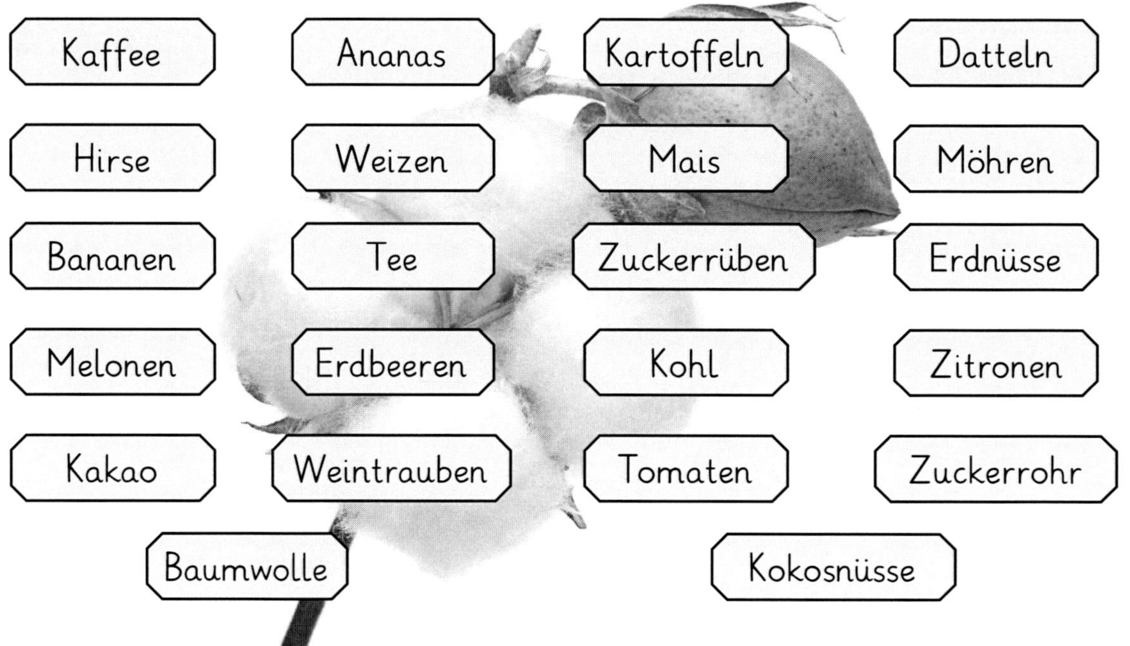

Kaffee	Ananas	Kartoffeln	Datteln
Hirse	Weizen	Mais	Möhren
Bananen	Tee	Zuckerrüben	Erdnüsse
Melonen	Erdbeeren	Kohl	Zitronen
Kakao	Weintrauben	Tomaten	Zuckerrohr
Baumwolle		Kokosnüsse	

Die Bauern in Afrika pflanzen meist Obst und Gemüse für die eigene Familie an. Nur in wenigen Ländern werden Produkte für den Export angebaut. Meist sind es große westliche Hersteller, die hier Kaffee, Kakao, Bananen oder Erdnüsse anbauen lassen und Gewinne machen. Für die afrikanischen Bauern bleibt sehr wenig übrig.
Dazu kommen weitere Probleme: Südlich der Sahara arbeiten fast 2 / 3 der Menschen in der Landwirtschaft, in den nordafrikanischen Ländern etwa 1 / 3. Trotzdem gibt es auf dem Kontinent nicht genug Nahrungsmittel für alle Menschen. Jährlich werden viel mehr Lebensmittel verzehrt als hergestellt werden. Dafür gibt es einige Gründe: ein Großteil Afrikas leidet unter Trockenheit und Dürren, andererseits gibt es Wolkenbrüche und Überschwemmungen. Dazu muss vieles noch von Hand erledigt werden. Auf keinem anderen Kontinent gibt es so wenige landwirtschaftliche Maschinen wie in Afrika.

EA **Aufgabe 2:** *Erkläre, warum die Nahrungsmittel, die in Afrika angebaut werden, nicht für die Bevölkerung reichen. Schreibe in dein Heft / in deinen Ordner.*

Lernwerkstatt AFRIKA
Die Kontinente der Erde kennen lernen – Bestell-Nr. 11 746

9. Landwirtschaft in Afrika

Die Banane

Bananen wachsen nicht an Bäumen, sondern an Stauden. Die steifen Blätter der Pflanze liegen so dicht aneinander, dass sie wie ein Stamm aussehen. Eine Bananenpflanze kann bis zu 6 m hoch werden. Sie trägt nur einmal Früchte und stirbt dann ab. Dafür wachsen neue „Schösslinge".

Der Fruchtstand der Banane wird „Büschel" genannt, die einzelnen Bananen „Finger". 10–20 Finger bilden jeweils eine „Hand". Warum ist die Banane krumm? Der Fruchtstand ist schwer und wächst nach unten. Die einzelnen Früchte aber wachsen der Sonne entgegen, also nach oben. Deshalb ist die Banane krumm! Die Bananen, die man bei uns kaufen kann, sind Obstbananen. Doch für die Menschen in Afrika sind Kochbananen viel wichtiger. Sie sind dort ein Grundnahrungsmittel wie bei uns die Kartoffel und werden gekocht oder gebraten. Die meisten Bananen wachsen in Plantagen. Sie werden grün und unreif geerntet und mit Kühlschiffen nach Europa gebracht.

EA

Aufgabe 3: *Fülle den Steckbrief der Banane in Stichwörtern aus. Lies dazu den Text oben.*

Die Banane

Pflanzenart: ______________________

Größe: ______________________

Fruchtstand: ______________________

Bananenarten: ______________________

Warum ist die Banane krumm? ______________________

____

Wie verbringt sie die Reise zu uns? ______________________

Bananen-Milch-Shake herstellen

Du brauchst: • 1 Liter Milch, 2–3 Bananen, ein Teelöffel Vanillezucker

So geht's: • Alles in ein hohes Rührgefäß geben und mixen, bis es cremig ist.

Bananenchips selber machen

So geht's: • Bananen schälen und in 2–5 Millimeter dünne Scheiben schneiden. Diese auf ein Backblech mit Backpapier nebeneinander legen. Bei 60 Grad (Umluft) sollen die Chips 6–8 Stunden trocknen. Zwischendurch testen: Fühlen sich die Chips fest an, sind sie fertig.

Vorteil: • Durch die niedrigen Temperaturen gehen weniger Vitamine verloren.

Nachteil: • Die Chips selbst zu machen verbraucht viel Energie (Strom). Es lohnt sich, wenn mehrere Kilo Bananen auf einmal getrocknet werden.

Lernwerkstatt AFRIKA
Die Kontinente der Erde kennen lernen – Bestell-Nr. 11 746
KOHL VERLAG

Kakao

Die Schokolade wächst zwar nicht am Baum, aber der Kakao. Kakaobäume wachsen im Tropischen Regenwald in Afrika oder in Südamerika. Die Früchte können gelb, orange oder violett sein. Wenn sie reif sind, werden sie mit einem Messer vom Baum abgeschlagen. In den Früchten liegen 20 bis 60 Samen, die Kakaobohnen. Sie sind im Fruchtfleisch eingebettet. Zur Herstellung von Kakao und Schokolade braucht man aber die Bohnen. Sie werden von Hand aus der Frucht gelöst und in der Sonne getrocknet. Mit dem Schiff erreichen sie andere Länder, wo sie weiter verarbeitet werden. In Westafrika wird der meiste Kakao des Kontinents angebaut. In der Schweizer Schokolade steckt die harte Arbeit afrikanischer Kindersklaven. Diese Kinder bekommen nichts von dem hohen Handelspreis für Kakao. Eine Viertelmillion Kinder arbeiten auf Kakaoplantagen in Westafrika, die meisten in der Elfenbeinküste. Davon sind 10.000 Sklaven, die jahrelang fern von ihrer Familie arbeiten müssen. Verschiedene Schokoladenfabriken kaufen keinen Kakao von der Elfenbeinküste: Sie möchten für Natur und Bauern gute Bedingungen schaffen. Dies sei in der Elfenbeinküste unmöglich, sagen sie. „Es ist schwierig, direkt mit den Bauern zu arbeiten. Es gibt zu viele Zwischenhändler. Die Bauern erhalten nur ganz wenig Geld."

EA

Aufgabe 4: *Lies dir den folgenden Text aufmerksam durch.*

Jambo! Ich heiße Sira und bin 12 Jahre alt. Ich komme aus Togo. Seit 4 Monaten arbeite ich auf einer Kakaoplantage in der Elfenbeinküste. Meine Eltern haben von einem Mann Geld bekommen, dafür muss ich nun arbeiten. Lieber wäre ich weiter in die Schule gegangen, doch meine Eltern sind sehr arm. Den Kindern hier wurde gesagt, dass sie viel Geld für die Arbeit bekommen würden. Doch Geld hat noch keiner von uns gesehen. Wir schlafen in einer Hütte auf dem Boden. Um 5 Uhr morgens müssen wir aufstehen. Bis zum Sonnenuntergang müssen wir auf der Plantage arbeiten. Ich muss Kakaofrüchte aufsammeln und sie zum Sammelplatz bringen. Kinder, die nicht arbeiten, werden geschlagen. Mittags gibt es Bananen zu essen und abends eine Maissuppe. Vom Schleppen der schweren Säcke habe ich Rückenschmerzen. Aber ich habe Angst, dass man mich bestraft, wenn ich es den Aufsehern sage. Ich habe gehört, dass aus den Kakaobohnen Schokolade gemacht wird. Aber ich kenne keine Schokolade.

a) *Erzähle von einem Tag in Siras Leben. Schreibe in der Ich-Form.*
b) *Vergleiche dein Leben mit Siras Leben! Übertrage die Tabelle in dein Heft und ergänze sie. (Schule, Arbeit, Freunde, Freizeit, Geld, Nahrung, Sauberkeit ...)*

	Siras Leben	mein Leben
Familie .		

PA

Aufgabe 5: *Kakao, Bananen, Kaffee und viele andere Dinge kann man mit dem sogenannten „Fair-Trade"-Siegel kaufen. Was bedeutet das?*

Lernwerkstatt AFRIKA
Die Kontinente der Erde kennen lernen – Bestell-Nr. 11 746
KOHL VERLAG

9. Landwirtschaft in Afrika

Baumwolle

Baumwolle wächst als Busch oder kleiner Baum in den Tropen und Subtropen. Die Samen werden in der Regenzeit ausgesät. Schon nach zwei Monaten ist der Busch über und über mit Blüten bedeckt. Aus jeder Blüte entwickelt sich eine walnussgroße Kapsel, die aufspringt, wenn sie reif ist. Heraus quillt ein faustgroßer, weißer Watteball. Darin sitzen 30 bis 40 Samen mit langen „Haaren". Die Fasern sind bis zu 5 cm lang. Der größte Teil der Baumwollernte wird in Ballen gepresst und in andere Länder verkauft. Baumwollexporte spielen für mehrere afrikanische Länder, insbesondere in West- und Zentralafrika, eine sehr wichtige Rolle. Bei der Verarbeitung früher wurden die Fasern mit der Hand von den Kernen getrennt. Die Frauen verspinnen die Fasern. Dann werden breite Bänder daraus gewebt. Sie werden aneinander genäht und zu Decken, Tüchern, Kappen, Hemden, Kleidern usw. verarbeitet.

PA

Aufgabe 6: *Auch wir nutzen heute noch viele Dinge aus Baumwolle. Nennt Beispiele. Schreibt in euer Heft/ in euren Ordner.*

EA

Aufgabe 7: *Löse das Sudoku. Füge die Bildchen unten so ein, dass in jeder Reihe und jeder Spalte und in jedem der sechs Kästchen jedes Bild nur einmal vorkommt.*

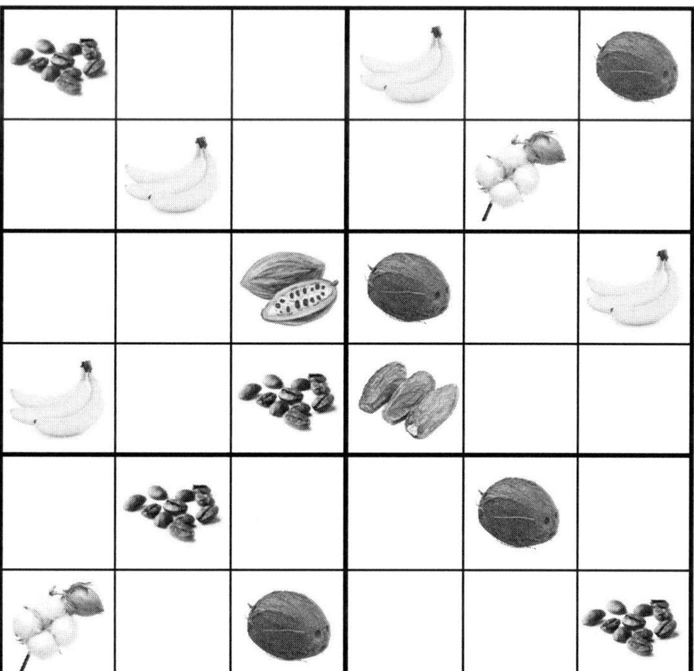

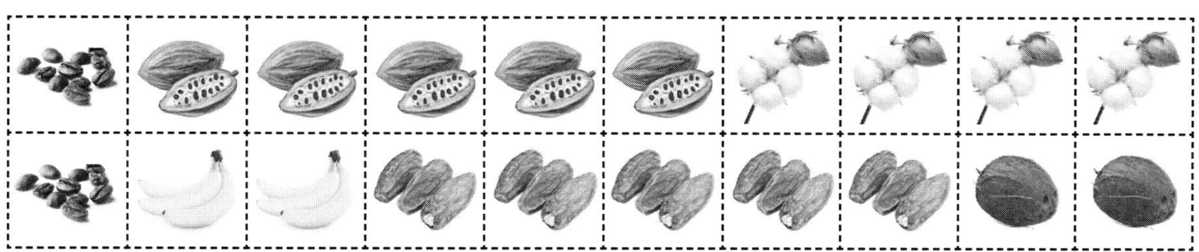

9. Landwirtschaft in Afrika

Essen – was und wie isst man in Afrika?

Klar, dass in 54 Ländern nicht gleich gekocht wird! Alle Länder haben einige besondere Gerichte. In vielen Ländern ist es ein fester Brei aus Maismehl, Maniokmehl und / oder Kochbananenmehl, bekannt unter verschiedenen Namen wie z. B. Ugali oder Fufu. In Äthiopien und Eritrea ist es „Injera"– ein Fladenbrot. Am wichtigsten und am weitesten verbreitet in Afrika sind Yamswurzeln, Kochbananen, Mais, Maniok (Kassava) und Hirse. Es gibt die Kolben-Hirse und die Mohren-Hirse. Diese Dinge sind in Afrika das, was für uns Kartoffeln oder Nudeln sind – Grundnahrungsmittel.

EA

Aufgabe 8: *Schreibe die richtigen Namen unter diese Nahrungsmittel. Die Anfangsbuchstaben sind zur Hilfe vorgegeben.*

EA

Aufgabe 9: *Lotta hat im Text mal wieder ein paar Fehler gemacht. Notiere die fehlenden Buchstaben der Reihe nach und du erhältst ein Lösungswort.*

Mai- Brei – der aber auch aus Maniok oder Hirse hergestellt werden kann – dient in verschiedenen Arten als Frhstück, Mittag- oder Abendessen. Als Vorbereitung zerstoen die Frauen Maisörner im Mörser.
Dnn werden sie gekocht, bis ein dicke Brei entsteht. Dazu werden Saucen mit verschiedenem Gemüse, selener Fleisch der Fisch, gereicht. Die wichtigsten Gewürze sind Salz und Pfefer, Thymian, getrocknete Baobabblätter, Ingwer, und Chili.
Das Mittagessen wird gemeinsam zubereitet, auch gegessen wird gemeinsam: Eine Schale Maisbrei wird in die Mitte gestellt, aus der sich jeder bedienen dar. Jeder erhält einen eigenen Tellr mit Sauce. Mit den Händen rolt man kleine Maisbreikugeln, die i die Sauce getunkt und gegessen werden.

Lösungswort: ______________________________

9. Landwirtschaft in Afrika

Äthiopien: Injera-Fladen (4 Portionen)

Ihr braucht: 700 g Weizenmehl, 300 g Maismehl, 1 Hefe (1 Würfel), 1 TL Salz

So geht's:
Ein Tag vorher die Hefe in einer Tasse in wenig Wasser auflösen, etwas Mehl zugeben und an einem warmen Ort „gehen" lassen.
Mehl und Maismehl in eine große Schüssel geben, die aufgelöste Hefe und etwa 2 l lauwarmes Wasser hinzufügen. Durchkneten bzw. rühren, bis der Teig schön glatt ist, zudecken und an einem warmen Ort wieder „gehen" lassen.
Wenn sich der Teig nach einigen Stunden abgesetzt hat, das Wasser abschöpfen. Nun gibt man 1 TL Salz und ca. 1 l gut warmes Wasser zu und rührt die Masse kräftig durch. Sobald der Teig schön aufgeht, kann man 1 Schöpflöffel voll in eine heiße beschichtete Pfanne gießen (ohne Fett) und schnell durch Bewegen der Pfanne verteilen. Mit einem Deckel zudecken. Der Fladen ist fertig, wenn er sich vom Rand löst. Er muss viele kleine Bläschen aufweisen.
Die Pfanne nach jedem Durchgang vorsichtig (heiß!) mit einem Küchentuch sauberwischen. Fleisch, Gemüse und Saucen (Wot) werden auf Injera serviert.

„Wot" mit Hühnchen

Ihr braucht: 200 g Möhren, 2 Stangen Lauch, 400 g Hähnchenbrust, 2 Knoblauchzehen, Gewürze nach Geschmack, 50 – 100 g gemahlene Erdnüsse, Hühnerbrühe, Speisestärke

So geht's:
Karotten in feine Stifte, Lauch in feine Ringe schneiden, Knoblauch hacken. Die Hähnchenbrust in Streifen schneiden und in einem Topf in Öl anbraten, Karotten, Knoblauch und Lauch dazu geben und mit braten. Mit der Hühnerbrühe ablöschen und bei geringer Hitze mit (Topf mit Deckel) garen. Grob gemahlene Erdnüsse dazugeben. Bei Bedarf nachwürzen. Mit Speisestärke binden. Das „Wot" darf nicht flüssig sein. Es kann jede Sorte Fleisch dafür genutzt werden. Üblich sind auch Hülsenfrüchte anstelle Fleisch.

Ghana: Fufu

Ihr braucht: 1 kg Bataten (Süßkartoffeln) oder Maniok oder Yams, 1 kg Kochbananen (geschält), 1 Prise Salz

So geht's:
Die Knollen schälen und in Stücke oder Scheiben schneiden. Im Salzwasser garen, anschließend im Mixer mit den Bananen pürieren. Nun gibt man pro Person jeweils ein Teil des Breis in eine nasse Schüssel, formt eine glatte Kugel, serviert mit z. B. Palmnuss-Sauce und isst mit der rechten Hand (ohne Besteck!).

Es gibt ein Kochbuch **„So schmeckt Afrika – eine Entdeckungsreise"** vom Bundesministerium für wirtschaftliche Zusammenarbeit und Entwicklung. Man findet es kostenfrei im Internet: http://go.vcp.de/1vzdVeW

10. Afrika-Mobile

Alle Bilder werden angemalt und ausgeschnitten. Man kann sie zu einem Mobile aufhängen oder auch in einer Reihe an einer langen Schnur. Wenn die Bilder auf Pappe kopiert oder laminiert werden, halten sie länger.

10. Afrika-Mobile

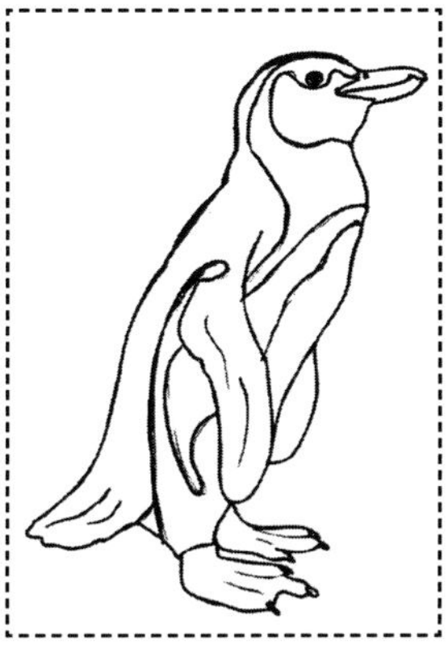

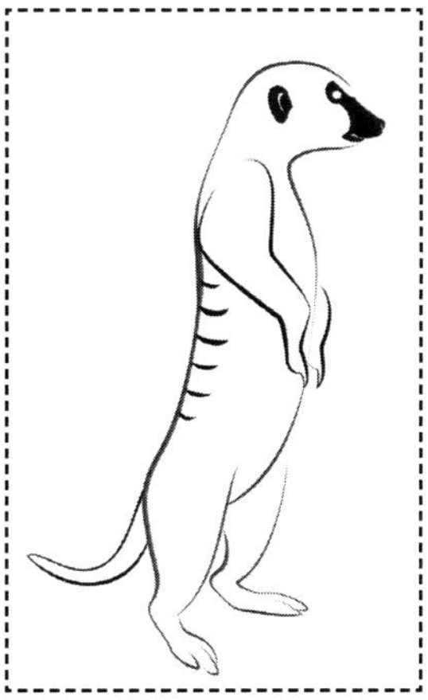

Lernwerkstatt AFRIKA
Die Kontinente der Erde kennen lernen – Bestell-Nr. 11 746

KOHL VERLAG

11. Afrika-Quartett

Zu allen Regionen Afrikas gibt es hier je vier Bilder. Das Spiel kann nach den Regeln des Quartetts mit jeweils 3–4 Schülern gespielt werden. Man kann es aber auch als Memory nutzen, wobei zu jedem Landesteil dann zwei Pärchen gehören.

AFRIKA –
was weißt du?

Nordafrika

Sahara

Nordafrika

Oase

Nordafrika

Kamel

Nordafrika

Tuareg

Ostafrika

Kilimandscharo

Ostafrika

Erste Menschen

Ostafrika

Victoriasee

Ostafrika

Indischer Ozean

Lernwerkstatt AFRIKA
Die Kontinente der Erde kennen lernen – Bestell-Nr. 11 746

11. Afrika-Quartett

Zentralafrika

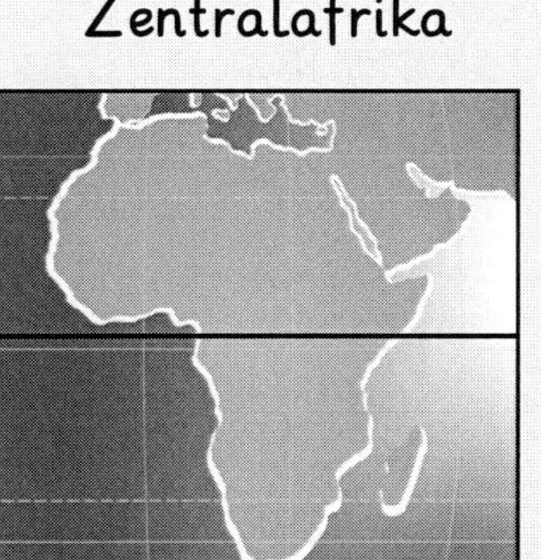

Äquator

Zentralafrika

Regenwald

Zentralafrika

Kongo

Zentralafrika

Pygmäen

Westafrika

Baumwollernte

Westafrika

Kakaobaum

Westafrika

Timbuktu

Westafrika

Atlantikküste

Südafrika

Kapstadt mit Tafelberg

Südafrika

Brillenpinguine

Südafrika

Kalahari – Erdmännchen

Südafrika

Okavango-Delta in der Wüste Namib

Lernwerkstatt AFRIKA
Die Kontinente der Erde kennen lernen – Bestell-Nr. 11 746

12. Afrika-ABC

PA

Aufgabe 1: *Findet zu jedem Buchstaben Wörter, die zu Afrika gehören.*

A	
B	
D	
E	
F	
G	
H	
I	
J	
K	
L	
M	
N	
O	
P	
R	
S	
T	
U	
V	
W	
Z	

Lernwerkstatt AFRIKA
Die Kontinente der Erde kennen lernen – Bestell-Nr. 11 746
KOHL VERLAG

13. Lösungen

Kapitel 1

1. Der Reihe nach: Nordamerika, Europa, Asien, Südamerika, Afrika, Australien-Ozeanien, Antarktis

2. 1. Südamerika, Afrika, Europa
   2. Nord- und Südamerika
   3. Afrika und Europa
   4. Asien und Australien-Ozeanien

3. Man entdeckt im zusammengesetzten Puzzle: Afrika, die Meere ringsum, Giraffe, Krokodil, Elefant, Flusspferd, Schlange

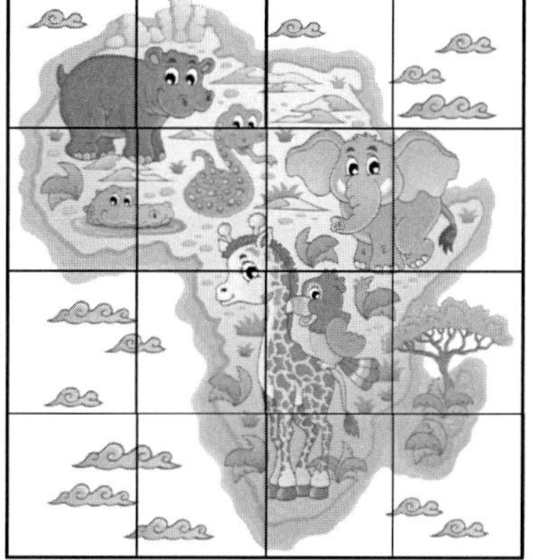

4. Dazu zählen Kenia, Uganda, die Demokratische Republik Kongo, Kongo und Gabun.

5. Richtig ist: 1, 2, 3, 7.

6. Das linke Bild zeigt, wie die Sonne am Äquator steht: senkrecht im Zenit.

Kapitel 2

1. Im Uhrzeigersinn, beginnend bei 12 Uhr: Nordafrika, Ostafrika, Südafrika, Zentralafrika, Westafrika

2. | | |
   |---|---|
   | Die größten Städte: | Kairo (mit Umland), Lagos, Kinshasa |
   | Die längsten Flüsse: | Nil, Kongo, Niger |
   | Der höchste Berg: | Kilimandscharo |
   | Die größte Insel: | Madagaskar |
   | Der größte See: | Victoriasee |
   | Die größte Wüste: | Sahara |
   | Die beiden Ozeane: | Indischer Ozean und Atlantischer Ozean |
   | Die Meere: | Mittelmeer und Rotes Meer |

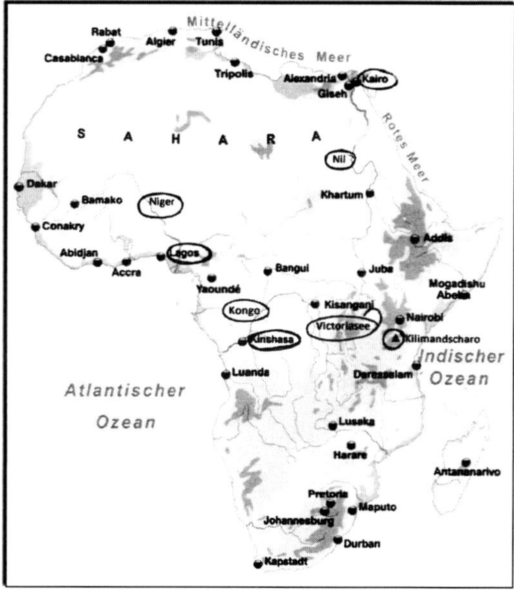

Lernwerkstatt AFRIKA
Die Kontinente der Erde kennen lernen – Bestell-Nr. 11 746
KOHL VERLAG

13. Lösungen

Kapitel 2

3. Afrika-Reise mit den Stationen:

Kapitel 3

2. Passende Zuordnung:

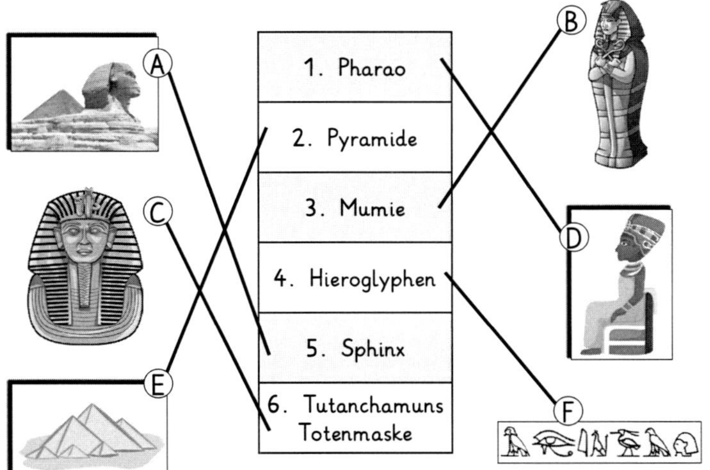

Kapitel 4

2. Nilpferde und Krokodile teilen ihren Lebensraum: Flüsse und Seen. Beide Tierarten leben aber friedlich miteinander, da die einen Pflanzenfresser, die anderen aber Fleischfresser sind. Krokodile gibt es schon seit 200 Mio. Jahren. Ihr Aussehen hat sich seitdem kaum verändert. Nilpferde werden auch Flusspferde genannt, obwohl sie mit Pferden gar nichts zu tun haben. Sie wurden wegen ihres Elfenbeins gejagt, sodass es nicht mehr viele gibt.

2. A

B

Der linke Steckbrief gehört zum Nilpferd (Flusspferd), der rechte zum Krokodil.

13. Lösungen

Kapitel 4

3. Kennzeichnung:

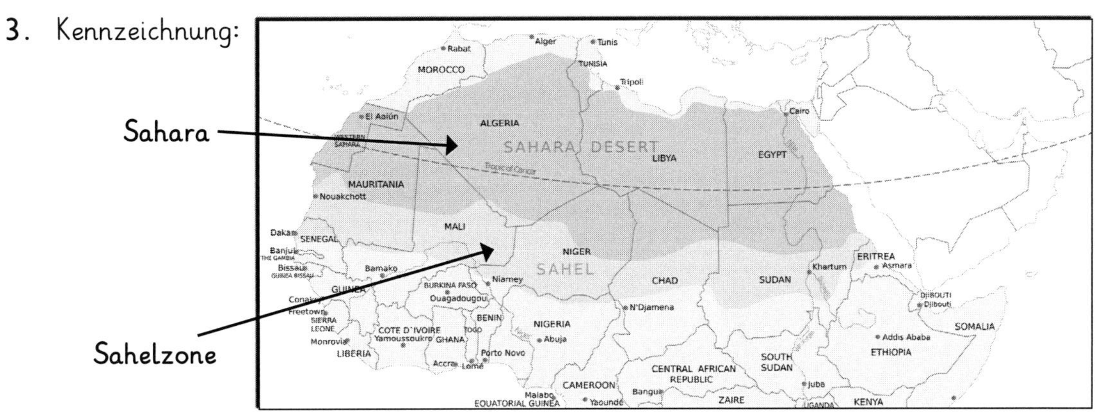

5.

S					K	Ä	F	E	R								W
K	W	Ü	S	T	E	N	S	P	R	I	N	G	M	A	U	S	Ü
O			T		S			G	E	P	A	R	D	K		C	S
R	E		R	S	C	H	I	R	M			Ä	Z	A		H	T
P	C		Ä		H							S	I	Z		L	E
I	H		U		A	N	T	I	L	O	P	E	E	I		A	N
O	S		C		K							R	G	E		N	F
N	E		H		A				H	Y	Ä	N	E			G	U
E	N		E		L	I	N	S	E	K	T	E	N			E	C
			R		N	A	G	E	T	I	E	R	E			N	H
G	A	Z	E	L	L	E	N		S	C	H	A	F	E			S

6. Richtig ist: 1, 3, 6, 7, 9; Lösungswort: **Kamel**

7. Timbuktu heißt die Stadt richtig.

8. individuelle Zeichnungen

9. In der Sahelzone werden die Zelte aus Palmwedeln gebaut. In der Wüste bestehen sie aus Schaf- oder Ziegenleder. Die Tuareg der Wüste züchten Kamele, die Tuareg im Sahel halten Ziegen, Schafe und Rinder.

10. a) Eine Oase ist ein Ort in der Wüste, an dem es Wasser und Pflanzen und teilweise sogar Bäume gibt.
    b) Sie mussten die Karawanen mit Nahrung und vor allem mit Wasser versorgen.
    c) In jeder Oase findet man die Dattelpalme.
    d) individuelle Zeichnungen
    e) Das Kamel mit einem Hocker heißt Dromedar, das mit zwei Höckern ist das Trampeltier.
    f) Das Kamel wurde als Lasttier genutzt. Es gab Milch, Wolle und Fleisch.
    g) Das Bild zeigt den Stamm einer Palme.

13. Lösungen

Kapitel 4

11. Die rchtige Zuordnung:

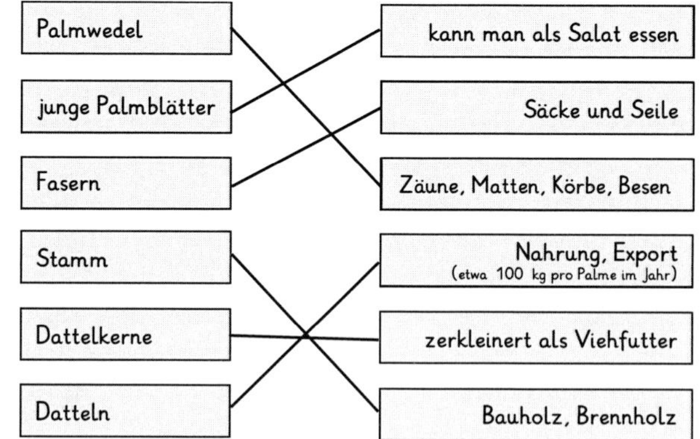

12. Die Tiere sind: Schlange und Kamel:

Kapitel 5

1. a) In der Savanne wachsen Schirmakazie (linkes Bild) und Baobab (rechtes Bild).
   b) Ein Nationalpark ist ein Naturschutzgebiet. Im Vordergrund steht der Erhalt der Artenvielfalt und der Ökosysteme. Zusätzlich dient er der Forschung, Bildung und Erholung.
   c) Elfenbein findet man in den Stoßzähnen der Elefanten und im Horn des Nashorns. Bei Elfenbein des Elefanten handelt es sich um Zahnsubstanz, bei Hörnern von Nashörnern nicht. Es handelt sich um Keratin, so wie es in unseren Haaren ebenfalls vorkommt. Das Horn beim Nashorn ist also kein Knochen.
   d) Seit 1989 ist der Elfenbeinhandel weltweit verboten.

2. individuelle Zeichnungen mit Beschriftungen laut Text

3. Fleischfresser sind Löwen, Leoparden, Geparde, Wildhunde und Hyänen.

4. Löwen und Leoparden sind Lauerjäger. Sie verstecken sich und überfallen dann aus dem Hinterhalt ihre Beute.

5. Die Felle sind von links nach rechts: Leopard, Löwe, Gepard.

6. Andere Wörter für Rudel sind Gruppe, Horde, Meute, Schar, Herde.

7. Hyänen, Wildhunde und Löwen (als einzige Raubkatzen) jagen im Rudel. Sie kreisen ihre Beute ein, trennen sie von den Artgenossen und erlegen sie dann.

9. Der Reihe nach: Zebra, Elefant, Antilope, Giraffe, Kaffernbüffel, Steinbock, Nashorn, Gazelle, Warzenschwein, Löwe, Leopard, Gepard, Hyäne, Sekretär, Wildhund, Strauß
   Lösungswort: **Savannenpflanzen**, das sind z. B. Baobab und Schirmakazie.
   Die Schirmakazie wächst auf sandigen und steinigen Böden, sogar in der Wüste. Das Laub und die Früchte dienen als Futter für Tiere.
   Ein weiterer Baum ist der Affenbrotbaum, Baobab genannt. Früchte, Samen, Rinde und Blätter des Baums sind vielseitig nutzbar. Die Höhlungen des Baobabs werden außerdem als Lager für Getreide und Wasser verwendet.

Lernwerkstatt AFRIKA
Die Kontinente der Erde kennen lernen – Bestell-Nr. 11 746

13. Lösungen

Kapitel 5

10.

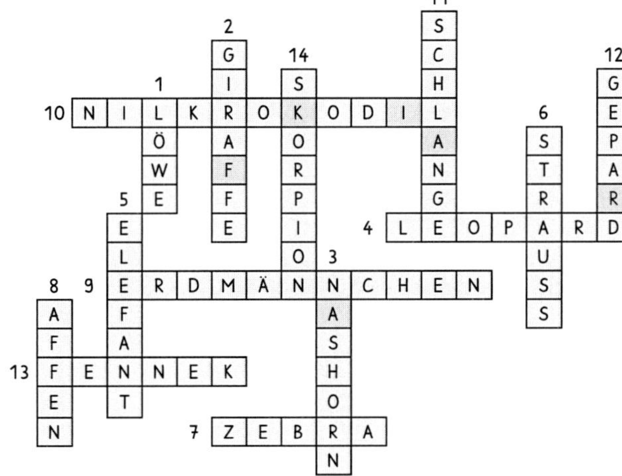

Lösung: AFRIKA

11. Es gibt keine 2 Zebras, die genau gleich sind. Jedes Tier hat sein ganz eigenes Muster, das sich ein wenig von den anderen Tieren unterscheidet. Zebras wissen genau, welche Tiere zu ihrer Familie gehören: Sie erkennen sich an der Zeichnung ihrer Streifen, am Geruch und an ihrer Stimme.

12. Zusammen gehört: 1 B, 2 A, 3 E, 4 F, 5 C, 6 H, 7 D, 8 I, 9 G

13.

Name	Afrikanischer Elefant	Asiatischer Elefant
Lebensraum	Afrika	Asien
Ohren / Größe	große Ohren	kleinere Ohren

14. a) Der kleine Elefant Bobby spielte mit zwei anderen Elefantenkindern. Als er zu seiner Mutter will, weiß er den Weg nicht mehr. Auch die Elefantenmama wartet schon ungeduldig auf ihn. Doch schließlich ist Bobby wieder bei ihr angekommen.
Bildfolge: 2, 1, 3

b) Der richtige Weg:

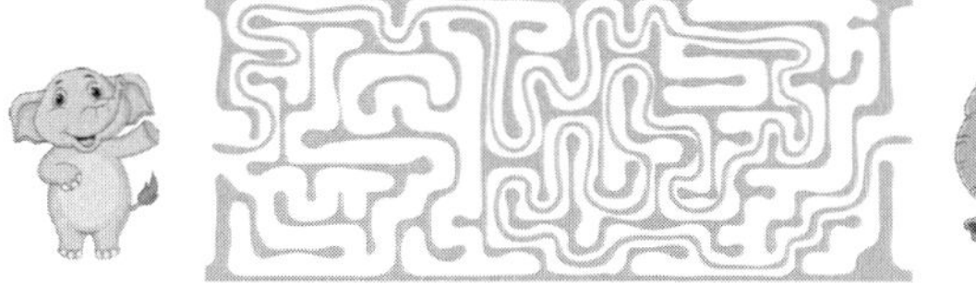

16. Zusammen gehört: 1 E, 2 C, 3 D, 4 F, 5 B, 6 A

17. a) Zu den „Big Five" zählt man Elefant, Löwe, Leopard, Kaffernbüffel und Nashorn.
b) individuelle Steckbriefe

18.
1. Ein Mann geht durch das Dorf, den Enkang.
2. Die Kinder sind in der Schule.
3. Die Tiere weiden im Kraal.
4. Wasser wird in Kanistern von einer Quelle oder einem Fluss geholt.
5. Zwei Männer machen Feuer auf alte Weise.
6. Ein Mann hat einiges Holz geholt. Er muss wohl seine Hütte oder den Zaun reparieren.

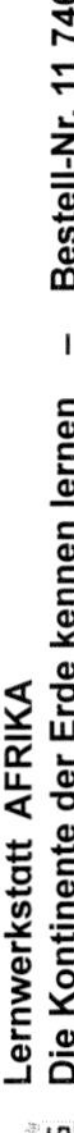

13. Lösungen

Kapitel 6

1. Das größte Regenwaldgebiet unserer Erde liegt in Brasilien.

2.

Morgens	Es ist ein wenig kühler.
Gegen Mittag	Sonne, es wird heiß
Früher Nachmittag	Schwül, die Wolken werden dichter
Später Nachmittag	Regenschauer mit Blitz und Donner
Abends	Nebel, löst sich schnell auf
Nachts	Es bilden sich Nebelfelder.

3. Regenwasser, Regenwald, Regenzeit, Regentropfen, Regenbogen, Regenschauer, Regenschirm, Regenrinne, Regentag, Regenguss, Regenfall, Regenwetter, Regenwolke, Regenwurm, Regenjacke, Regentonne

4.

6. Tiere, Pflanzen und Kleinstlebewesen in einem bestimmten Lebensraum bilden eine Lebensgemeinschaft. Lebensgemeinschaften und ihre Umgebung bilden ein Ökosystem.

7. Die Nahrungskette: Pflanze (4), Käfer (3), Frosch (1), Vogel (2), Raubkatze (5)

8. Es hat die Figur eines Pferdes, die gestreiften Beine eines Zebras und den Kopf und die lange, bläuliche Zunge der Giraffe – das Okapi ist ein vielseitiges Tier. Und es lebt so versteckt im afrikanischen Regenwald, dass Forscher das Okapi erst um 1900 entdeckten.

9. a) Laubbaum  Nadelbaum  Palme 

   b) Im Regenwald gibt es keinen Frost, so kann der Baum seine Blätter das ganze Jahr mit Wasser und Nährstoffen versorgen. So muss er sie auch nicht abwerfen. Bei uns kann der Baum bei Frost kein Wasser und auch keine Nährstoffe mehr befördern. So fallen die Blätter rechtzeitig ab.

10. Von links nach rechts: Gorilla, Schimpanse, Lemur

13. Die Blätter der Palme dienen als Dach oder Wandteile. Man macht daraus Besen, Bürsten, Matten und Körbe. Der Stamm eignet sich für Möbel und als Bauholz. Die Fasern an der Kokosnuss werden zu Seilen und Fischernetzen verarbeitet, oder auch als Füllung für Matratzen, als Teppiche und Fußmatten. Aus den Schalen werden Trinkgefäße hergestellt oder sie werden als Brennmaterial genutzt. Die Menschen nutzen auch die Blütenstände. Ihren süßen Saft kann man zu Palmzucker eindicken.

14. Die Pygmäen nennen sich Feuermenschen. Sie sind etwa 1,50 Meter groß bzw. klein.

13. Lösungen

Kapitel 6

15. Die Bantu nennen sich einfach „Menschen". Ihr Symbol ist der Baum des Lebens.

16. Nelson Mandela kämpfte gegen die Apartheid, die Rassentrennung in Südafrika. Er verbrachte wegen seines Widerstandes gegen die weiße Regierung, die über 30 Jahre in Südafrika herrschte, viele Jahre im Gefängnis. 1994 wurde er bei den ersten freien Wahlen der erste schwarze Präsident Südafrikas.

17. a) Die Kleinbauern nutzen nur wenig Fläche, die Plantagen sind aber meist riesig.
    b) Es fehlt die Vielfalt. Verschiedene Tiere brauchen verschiedene Bäume und Pflanzen zum Leben.

Kapitel 7

1. a) Der Okavango fließt nicht ins Meer wie jeder andere Strom, sondern ins Landesinnere. Dort bildet er ein großes Delta.
   b) Es erscheinen Elefanten, Büffel, Krokodile, Leoparden, Löwen, Geparden, Giraffen, Nashörner, Antilopen, Wildhunde und viele Vogelarten am Wasser.

2. Steckbrief Erdmännchen:

Größe:	25–30 cm, Schwanz 20 cm
Gewicht:	600–1000 g
Nahrung:	Insekten
Feinde:	Greifvögel, Schakale
Junge:	2–5 pro Jahr
Verhalten:	Gruppenleben
Besonderes:	Sie stellen Wachen auf.

3.

	Kalahari	Namib
Lage / Land	Südafrika – Botswana	Südafrika – Namibia
Boden	Roter Sand	Sanddünen
besondere Tiere	Erdmännchen	Nebeltrinker-Käfer
Pflanzen	Akazien	Welwitschia
Besonderes	Okavango-Delta	Nebelwüste

4. a) Die Kalahari ist eine Wüste im Süden Afrikas, in der Gräser und Akazienbäume wachsen. Akazien können mit ihren langen Wurzeln Wasser tief aus der Erde aufnehmen. Der größte Teil der Wüste liegt in Botswana und Namibia. Die größten Orte in der Kalahari haben ein paar tausend Einwohner.
   b) Die Männer gehen jagen und holen das nötige Wasser herbei. Die Frauen sammeln Beeren, Früchte und Wurzeln und fangen Fische.
   c) Sie bauen ihre Hütten aus Zweigen, Blättern und Gras.
   d)

früher	heute
Sie durchstreiften als Jäger und Sammler die Savannen. Sie übernachteten in einfachen Hütten. Die Frauen sammelten Früchte, Beeren und Wurzeln oder gingen fischen. Die Männer jagten und beschafften Wasser.	Heute haben viele Buschmenschen ihr Nomadendasein aufgegeben und sind sesshaft geworden. Einige arbeiten auf Farmen oder als Fährtenleser. Die meisten haben keine Arbeit.

13. Lösungen

Kapitel 9

1. In Afrika wachsen: Kaffee, Ananas, Datteln, Bananen, Tee, Erdnüsse, Zitronen, Kakao, Zuckerrohr, Baumwolle, Kokosnüsse

2. Afrika leidet unter Trockenheit und Dürren, andererseits gibt es Wolkenbrüche und Überschwemmungen. Dazu muss noch vieles von Hand erledigt werden, weil es in Afrika nur wenige Landwirtschaftsmaschinen gibt.

3. Steckbrief: Die Banane

Pflanzenart:	Staude
Größe:	bis 6 Meter
Fruchtstand:	Büschel, Hand
Bananenarten:	Es gibt Koch- und Obstbananen.
Warum ist die Banane krumm?:	Sie wächst der Sonne entgegen.
Wie verbringt sie die Reise zu uns?:	Sie wird grün und unreif auf einem Kühlschiff transportiert.

5. Fair Trade heißt fairer (gerechter) Handel. Das bedeutet Verbot von Kinderarbeit, Sklaverei und menschenwürdige Arbeitsbedingungen bei der Herstellung. Dafür gibt es die Zahlung eines festgelegten „fairen" Preises, der das Leben der Erzeuger (z. B. Kleinbauern) sichert.

6. Aus Baumwolle sind z. B. Handtücher, Unterwäsche, Geschirrtücher, T-Shirts, Jeans, Bettwäsche. Man braucht Baumwolle aber auch als Verbandsmaterial in der Medizin, in der Kosmetik als Wattestäbchen, Watte oder Pad.

7.

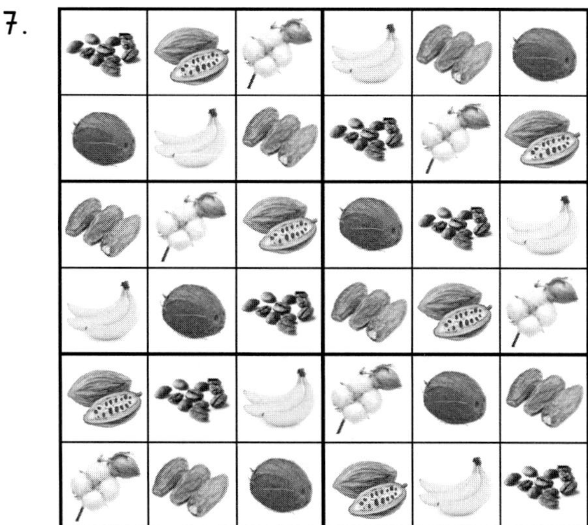

8. Yams-Wurzeln, Kolbenhirse, Mais, Kochbananen, Mohrenhirse, Maniok

9. Lösungswort: **Süßkartoffeln**

13. Lösungen

Kapitel 12

1. Lösungsvorschlag:

A	Affen, Äquator, Afrika, Akazie, Antilope, Affenbrotbaum, Äthiopien ...
B	Berber, Buschmänner, Baumwolle, Baobab, Banane, Bantu, Brillenpinguin ...
D	Dikdik, Dromedar, Dattel, Dattelpalme ...
E	Elefant, Erdmännchen, Elfenbein ...
F	Fennek, Flusspferd, Flamingo, Farne, Feuermenschen, Fufu ...
G	Giraffe, Gazelle, Gewürze, Gorilla, Großwildjäger, Gepard ...
H	Hyäne, Hütte, Handel, Hunger, Hirse ...
I	Insekten, Impala, Injera ...
J	Jäger, Jahreszeit ...
K	Kalahari, Kongo, Kakao, Kaffee, Kilimandscharo, Käfer, Kokospalme, Kokosnuss, Krokodil, Kamel, Kraal, Kapstadt, Kolbenhirse, Kochbananen, Kaffernbüffel ...
L	Löwe, Leopard, Lemur, Lucy, Laubbaum, Liane ...
M	Massai, Musik, Masken, Madagaskar, Mumie, Mammut, Manniok, Mohrenhirse ...
N	Nilpferd, Nashorn, Nil, Nilkrokodil, Nomaden, Namib, Nebel, Niger, Nationalpark, Nebeltrinkkäfer ...
O	Oase, Okapi, Okavango-Delta, Orchideen ...
P	Pygmäen, Palme, Pyramide, Pharao, Papagei, Pelikan, Pinguin ...
R	Regenwald, Religion, Runddorf, Rassel ...
S	Sahara, Skorpion, San, Schlange, Sansibar, Schimpanse, Serengeti, Strauß, Schokolade, Savanne, Sahelzone, Stockwerkbau, Südafrika, Schirmakazie ...
T	Tuareg, Trommel, Tropen, Timbuktu, Tiere, Tanz ...
U	Urwald, Urvölker ...
V	Victoriasee ...
W	Wüste, Wüstenfuchs, Wildhund, Warzenschwein, Wasser, Wilderer, Wendekreis ...
Z	Zebra, Zwergelefant, Zentralafrika ...

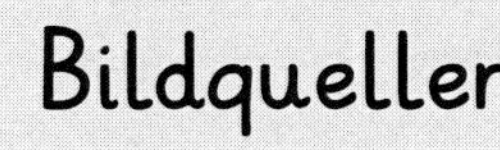

Bildquellen

auf jeder Seite oben: © tigatelu & ronnarid – AdobeStock.com;
Umschlagseite: © TUBS – wikimedia.org

Angaben jeweils von oben nach unten, von links nach rechts:

Seite 3 / 4	© vencav – Fotolia.com
Seite 5	© Sergey Ryzhov – Fotolia.com, © Matthew Cole – Fotolia.com
Seite 6	© valentinT – Fotolia.com, © Cogito ergo sumo – wikimedia.org, © kamphi – Fotolia.com (7x)
Seite 7	© bahram7 – Fotolia.com (4x), © Klara Viskova – Fotolia.com
Seite 8	unten © 3drenderings – Fotolia.com, © Studio Barcelona – Fotolia.com
Seite 9	© unten: Hybscher – wikimedia.org
Seite 12	© Matthew Cole – Fotolia.com, © Al – Fotolia.com
Seite 13	© Al – Fotolia.com, © germanjames – Fotolia.com, © Miroslav Beneda – Fotolia.com, © Sergey Oganesov – Fotolia.com, © indomercy – Fotolia.com, © Sergey Ryzhov – Fotolia.com, © lar01joka – Fotolia.com, © PixelPower – Fotolia.com
Seite 14	© G.R. – wikimedia.org, © fir4ik – Fotolia.com (2x)
Seite 15	© lesniewski – Fotolia.com, © Flo-Bo – Fotolia.com
Seite 16	© Eric Simons – Fotolia.com, © Kkonstan – wikimedia.org, © hakoar – Fotolia.com, © tigatelu – Fotolia.com
Seite 17	© adwo – Fotolia.com, © vladislav333222 – Fotolia.com, © virinaflora – Fotolia.com
Seite 18	© Frida&Diego – Fotolia.com, © chattange – Fotolia.com
Seite 19	© Vladimir Melnik – Fotolia.com, © Dr. Ajay Kumar Singh – Fotolia.com, © lawangdesign – Fotolia.com (2x), © Alexey Zhilov – Fotolia.com
Seite 20	© ninell – Fotolia.com, © lawangdesign – Fotolia.com
Seite 21	© Fir4ik – Fotolia.com (2x)
Seite 22	© Erik Simons – Fotolia.com, © Fr+®d+®ric Prochasson – Fotolia.com, © Jan Zoetekouw – Fotolia.com
Seite 23	© Flickr upload bot – wikimedia.org, clipart.com, © ya_mayka – Fotolia.com,
Seite 24	© photosvac – Fotolia.com (6x), © Jeffrey Banke – Fotolia.com
Seite 25	© virinaflora – Fotolia.com, © Patryk Kosmider – Fotolia.com (2x), © anankkml – Fotolia.com (3x), © xavier gallego morel – Fotolia.com, © Jeffrey Banke – Fotolia.com, © tiero – Fotolia.com, © Jeff, Cool Free Games, Varun, Friedemeier – AdobeStock.com © JackF – Fotolia.com, © Shchipkova Elena – Fotolia.com, © photosvac – Fotolia.com, © Aaron Amat – Fotolia.com
Seite 26	© Aaron Amat – Fotolia.com, © eastmanphoto – Fotolia.com, © piyathep – Fotolia.com
Seite 27	© anankkml – Fotolia.com (2x), © German Ovchinnikov – Fotolia.com, © S K – Fotolia.com, © byheaven – Fotolia.com, © Prapass Wannapinij – Fotolia.com, © StarJumper – Fotolia.com, © Ghen – Fotolia.com, © littlestocker – Fotolia.com, © virinaflora – Fotolia.com
Seite 28	© Photocreo Bednarek – Fotolia.com, © nicolasprimola – Fotolia.com, © Taalvi – Fotolia.com, © FeDoTiShE – Fotolia.com
Seite 29	© mahfud21 – Fotolia.com (3x), © tigatelu – Fotolia.com, © mahfud21 – Fotolia.com
Seite 30	© Jearu – Fotolia.com, © Magnus Manske – wikimedia.org, © Dger. – wikimedia.org, © Fotowerner – Fotolia.com, © Renatehenklel – Fotolia.com
Seite 31	© byrdyak – Fotolia.com
Seite 32	© Yantra – Fotolia.com, © Bolkins – Fotolia.com, © Sepia Design – Fotolia.com, © shanesabindesign – Fotolia.com, © Avel Krieg – Fotolia.com, © Ellie Nator – Fotolia.com
Seite 33	© shanesabindesign – Fotolia.com
Seite 34	© forcdan – Fotolia.com (5x), © Magnus Manske – wikimedia.org, © CT Cooper – wikimedia.org
Seite 35	© AndreasJ – Fotolia.com, © 3drenderings – Fotolia.com
Seite 36	© PRILL mediendesign – Fotolia.com, © virinaflora – Fotolia.com (5x), © Artco – Fotolia.com,
Seite 37	© demerzel21 – Fotolia.com, © Simone Werner-Ney – Fotolia.com, © W. Cliff Knese www.wasseragamen.net
Seite 38	© Frank T+nubel – Fotolia.com, © Farinoza – Fotolia.com, © artthailand – Fotolia.com, © Alekss – Fotolia.com, © fovito – Fotolia.com, © insima – Fotolia.com, © Matthew Cole – Fotolia.com,
Seite 39	© sararoom – Fotolia.com, © Pascal Martin – Fotolia.com, © gudkovandrey – Fotolia.com, © C. Michael Hogan – Fotolia.com, JungleOutThere – Fotolia.com
Seite 40	© ridermai – Fotolia.com, © MovingMoment – Fotolia.com
Seite 41	© Magnus Manske – wikimedia.org, © B+®ka~commoswiki – wikimedia.org
Seite 42	© doidam10 – Fotolia.com, © ThKatz – Fotolia.com, © Richard Carey – Fotolia.com (5x)
Seite 43	© Al – Fotolia.com, © glopphy – Fotolia.com
Seite 44	© Al – Fotolia.com, © Jandrie Lombard – Fotolia.com, © kamonrat – Fotolia.com, © Matthew Cole – Fotolia.com
Seite 45	© Al – Fotolia.com, © Dmitry Pichugin – Fotolia.com, © Hsuepfle – wikimedia.org, © tang90246 – Fotolia.com
Seite 46	© DVL2 – wikimedia.org
Seite 47	© lenkusa – Fotolia.com
Seite 48	© somchaij – Fotolia.com, © rdnzl – Fotolia.com
Seite 49	© mtmmarek – Fotolia.com (2x), © – sattva – Fotolia.com, © SMaria Bell – Fotolia.com
Seite 50	© sunnychicka – Fotolia.com, © Natali Snaicat – Fotolia.com, © Matthew Cole – Fotolia.com, © Trezvuy – Fotolia.com
Seite 51	© nicoloperazzo – Fotolia.com, © Malchev – Fotolia.com
Seite 52	© Aloksa – Fotolia.com, © mates – Fotolia.com, © Renate Wefers – Fotolia.com
Seite 53	© surachai – Fotolia.com, © wuttichok – Fotolia.com, © sommai – Fotolia.com
Seite 54	© saiko3p – Fotolia.com, © ExQuisine – Fotolia.com
Seite 55	© mates – Fotolia.com (8x), © yellowj – Fotolia.com (6x), © egorxfi – Fotolia.com (6x), © – Andrey Starostin – Fotolia.com (6x), © raven – Fotolia.com (6x), © hikrcn (6x) – Fotolia.com
Seite 56	© emuck – Fotolia.com (2x), © praisaeng – Fotolia.com, © atoss – Fotolia.com, © sommai – Fotolia.com, © farbkombinat– Fotolia.com, © virinaflora – Fotolia.com
Seite 57	© Itzuvit – wikimedia.org, © Rotatebot – wikimedia.org
Seite 58	© ya_mayka – Fotolia.com, © alexcoolok – Fotolia.com, © S – Fotolia.com, © Sararoom – Fotolia.com (3x), © Photographies – Fotolia.com
Seite 59	© Igor Zakowski – Fotolia.com, © ya_mayka – Fotolia.com, © baitoey – Fotolia.com,
Seite 60	© dayzeren – Fotolia.com, © shibanuk – Fotolia.com, © Yvann K – Fotolia.com, © zatletic – Fotolia.com, © hecke71 – Fotolia.com, © Gianfranco Bella – Fotolia.com, © adrenalinapura – Fotolia.com, © juan35mm – Fotolia.com, © herby (Herbert) Me – Fotolia.com
Seite 61	© dip – Fotolia.com, © penumb – Fotolia.com, © Flickr upload bot – wikimedia.org, © Gilles Paire – Fotolia.com, © Norman Chan – Fotolia.com, © Atamari – wikimedia.org, © kweber – Fotolia.com, © michaeljung – Fotolia.com, © tang90246 – Fotolia.com, © Alta Oosthuizen – Fotolia.com, © Randy Harris – Fotolia.com
Seite 62	© T. Michel – Fotolia.com
Seite 63	© Klara Viskova – Fotolia.com
Seite 62	© T. Michel – Fotolia.com
Seite 64	© Miroslav Beneda – Fotolia.com, © Sergey Oganesov – Fotolia.com, © indomercy – Fotolia.com, © Sergey Ryzhov – Fotolia.com, © lar01joka – Fotolia.com, © PixelPower – Fotolia.com, © fir4ik – Fotolia.com (2x),
Seite 65	© lesniewski – Fotolia.com, © tigatelu – Fotolia.com
Seite 66	© fir4ik – Fotolia.com (2x)
Seite 67	© Taalvi – Fotolia.com, © FeDoTiShE – Fotolia.com, © mahfud21 – Fotolia.com, © Vasily Merkushev – Fotolia.com, © tigatelu – Fotolia.com
Seite 68	© W. Cliff Knese www.wasseragamen.net, © Naturestock – Fotolia.com, © Roman Dekan – Fotolia.com, © prezent – Fotolia.com
Seite 70	© yellowj – Fotolia.com (6x), © raven – Fotolia.com (6x), © mates – Fotolia.com (6x), © egorxfi – Fotolia.com (6x), © hikrcn (6x) – Fotolia.com, © – Andrey Starostin – Fotolia.com (6x)